JN247458

室町時代へタイムワープ

マンガ：イセケヌ／ストーリー：チーム・ガリレオ イセケヌ／監修：河合 敦

はじめに

室町時代は、足利尊氏によって開かれた室町幕府が日本を治めていた時代です。約２４０年続いたこの時代は、農業などの産業が発展し、現在の日本の文化につながるものがたくさん生まれた時代でもありました。

この時代について、学校の授業では、足利義満がつくった金閣や、足利義政がつくった銀閣に代表される室町時代の文化や、産業が発展したことで庶民の力が高まってきたことなどを学習します。

今回のマンガでは、鎌倉時代を旅した主人公のエマとケンジが、足利義満が君臨する全盛期の室町時代へタイムワープして、室町時代の文化や生活を体験します。

みなさんも、ふたりといっしょに、室町時代の文化を知る旅に出かけましょう！

監修者　河合 敦

今回のタイムワープの舞台は…？

年前	時代区分	時代	できごと
4万年前	先史時代	旧石器時代	日本人の祖先が住み着く
2万年前			
1万年前		縄文時代	土器を作り始める／貝塚が作られる／米作りが伝わる
2000年前		弥生時代	
1500年前	古代	古墳時代／飛鳥時代	大和朝廷が生まれる
1400年前			
1300年前		奈良時代	平城京が都になる
1200年前		平安時代	平安京が都になる
1100年前			
1000年前			
900年前			
800年前	中世	鎌倉時代	モンゴル（元）軍が2度攻めてくる
700年前			
600年前		室町時代	室町幕府が開かれる／金閣や銀閣がつくられる
500年前			
400年前	近世	安土桃山時代	
300年前		江戸時代	江戸幕府が開かれる
200年前			
100年前	近代	明治時代	明治維新
		大正時代	大正デモクラシー
50年前	現代	昭和時代	太平洋戦争／高度経済成長
		平成時代	
		令和時代	

ココ!!

米作りが広まる

巨大なお墓（古墳）がつくられる

奈良の大仏がつくられる

華やかな貴族の時代

鎌倉幕府が開かれる（武士の時代の始まり）

戦国時代

町人文化が盛んになる

文明開化

現代

もくじ

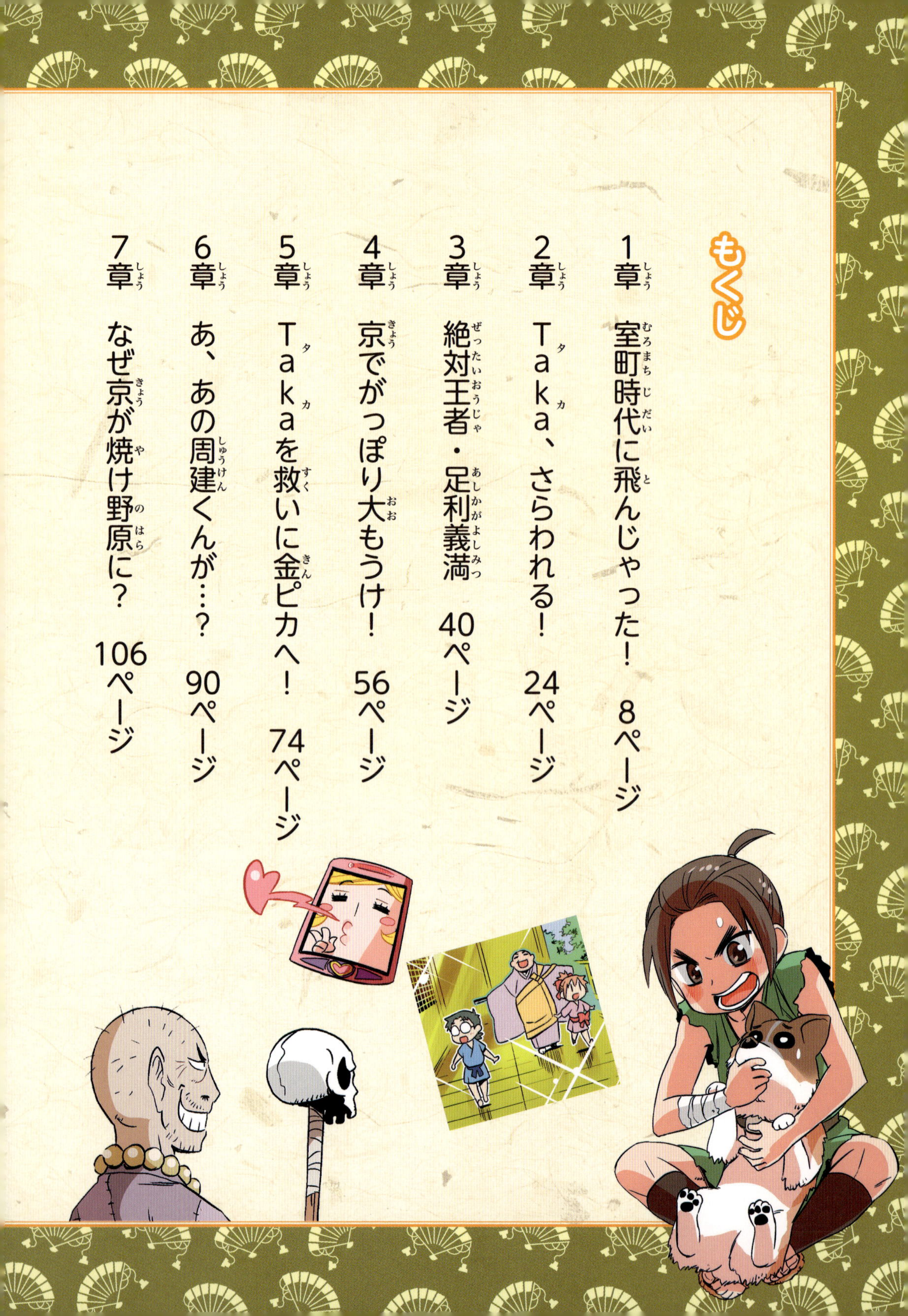

歴史なるほどメモ

教えて!! 河合先生 室町時代おまけ話

登場人物

エマ

運動神経ばつぐんで、
食いしん坊な小学生。
歴史の知識はまったく
ないが、
タイムワープしても
心配することなく、
元気いっぱいの少女。
キラキラや派手派手が
大好き。
お絵描きも得意。

ケンジ&Taka

少し歴史に興味のある小学生。
タイムワープ先で騒動に
巻き込まれるたびに、
ドキドキ・ハラハラ。
飼い犬の名前をTakaと
ローマ字表記にしたり、
渋い感じの首輪を選んだりと、
独特のこだわりとセンスがある。

才丸

室町時代をたくましく生きる少年。
お金持ちになるためであれば、
だれでもなんでも利用しようとする。

周建

エマとケンジが京で出会った、
とても上品でかしこい小坊主。
その正体は……!?

犬バス＆ハニィ

タイムワープができる
犬の形をしたタイムバス。
元の時代への戻り方に特徴がある。
ハニィというタブレット型の
バスガイドつき。

1章 室町時代に飛んじゃった！

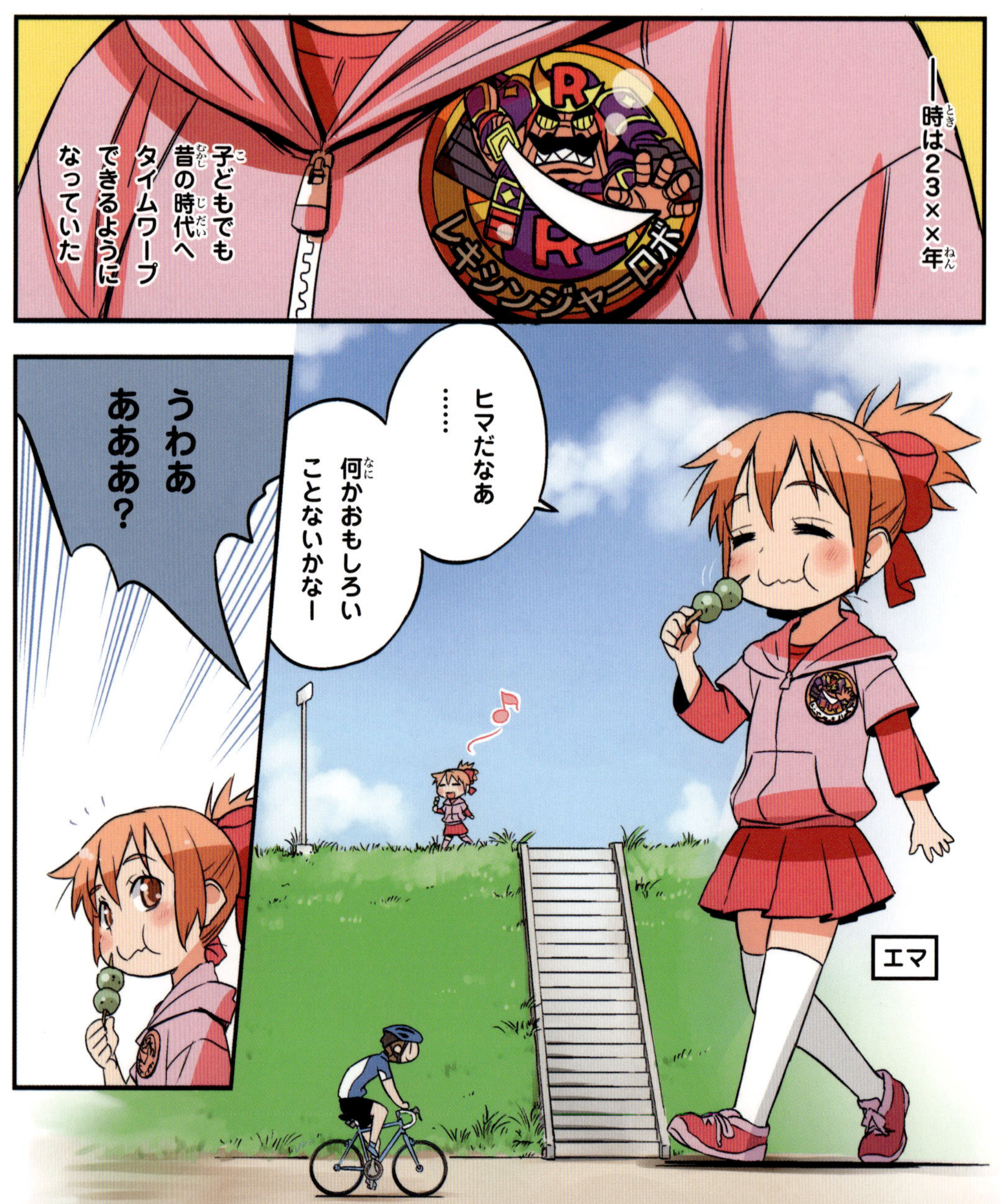

だだだだ～っ
ス ストップ！ スト～ップ Taka(タカ)～!!
ケンジ
おっ
Taka(タカ)
ケンジと タカ……じゃなく Taka(タカ)だ♥
おーい♥
わんっ♪
ぴょんっ
わわっ!?
ドターーーン
Taka(タカ) お～っす♥
ハッ
ハッ
わわんっ♥
ついでに ケンジも～
ついで なの!?
がーん

ボール遊びしてたの？
ハフハフ♡
「とってこい」の訓練してるんだよ～！
ケンジはナメられキャラだもんね！
ばう！
でも最近ボクの言うこと聞いてくれないいんだよなあ……
傷つくからやめてください
……
しかもホガラカに…
Taka
なんかジジくさい色の首輪だなあ
もっと派手なのつけてあげなよ～
地味なのがイイんじゃないか！
Taka
首輪といいこのボールといい渋～い魅力がわからないかなあ
ジミ～
なっTaka！
ばう……（さあ）
ケンジのセンスって……オトナっぽいっていうかコドモらしくないっていうか……

よーし！
エマが遊んだげる～♪
ばうばうっ♪
いくよ～
そぉ～……
れっ!!!
ドギュンッ!
!?
ぴゅ～
ぱり～ん
OXモータース
整備工場
わーー！
なんか割れた
音ががが―っ
どう？ どう？
エマ
すごいでしょ！
新記録だ～♥
すごくない
から!!

な 何に当たっちゃったんだろう……っ
……あっ!?
タイムバスだあ!
ＯＸ観光
ほらTaka! このバス 昔の時代へタイムワープできるんだよ!
エマたち こないだ歴史遠足で鎌倉時代へ行ったんだ～♥
ばう!
犬型タイプのバスは初めて見た～
*これまでの話を知りたい人は「鎌倉時代へタイムワープ」を読んでね!

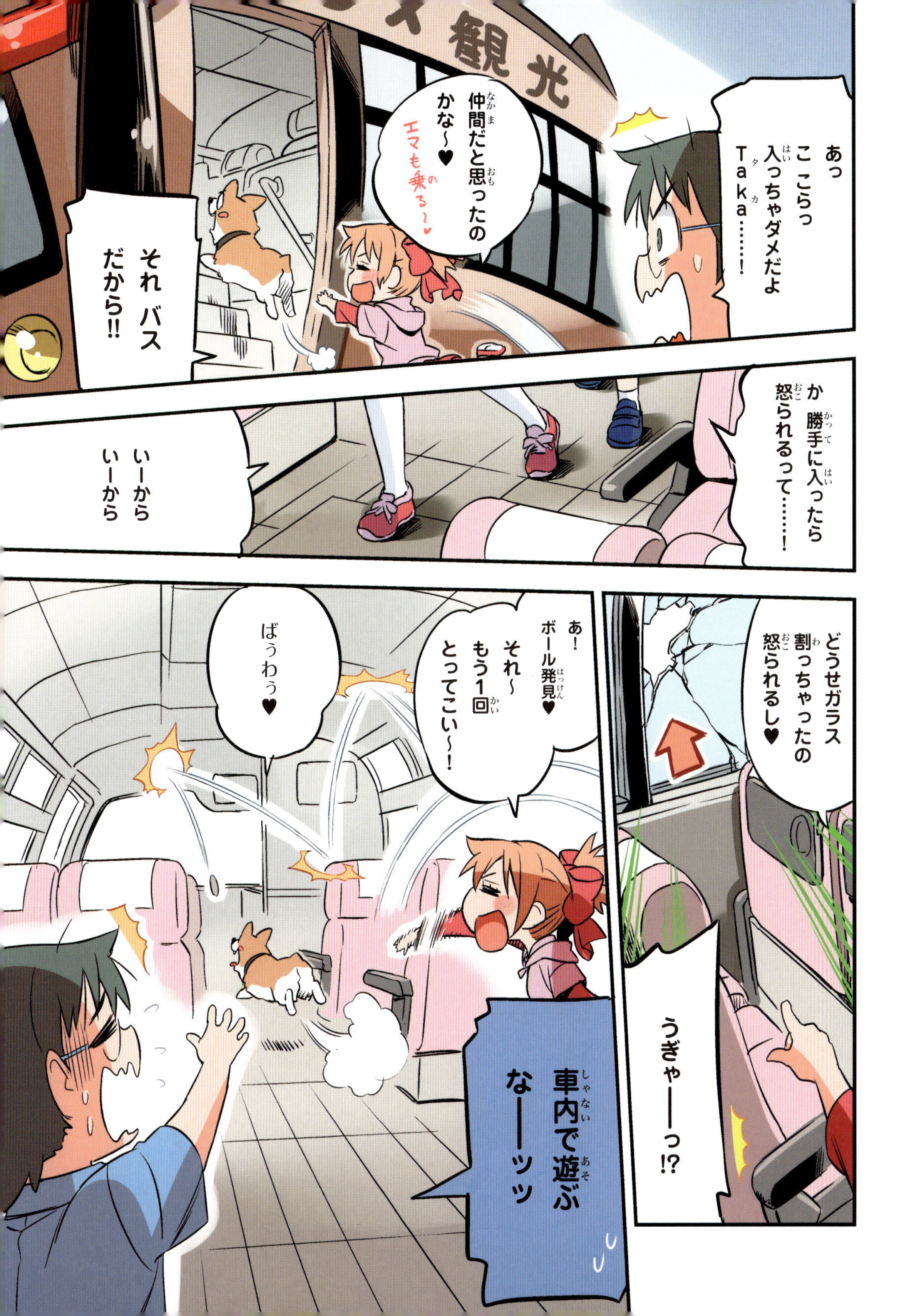
観光
あっ
こ こらっ
入っちゃダメだよ
Taka……!
仲間だと思ったの
かな～♥
エマも乗る～♥
それ バス
だから!!
か 勝手に入ったら
怒られるって……!
いーから
いーから
どうせガラス
割っちゃったの
怒られるし♥
あ!
ボール発見♥
それ～
もう1回
とってこい～!
ばうわう♥
うぎゃーーっ!?
車内で遊ぶ
なーーッッ

こらーーっ！
何をしているのであるか～!!!
びくっ
ひゃっ……!?
ごっ
ごめんなさい
ごめんなさい
ごめんなさ……
あれ？
だれもいない……？
うふふ……♪
こっちよ
こ・っ・ち♥
……あっ!?
ばてん
はぁ～い☆
はじめまして
キュートな
ぼうやたち♥
わたし バスガイドの
タブレット
ハニィでぇーす♥
このバスは
整備中なの♥
勝手に入っちゃ
ダ☆メ！
めっ♥
ごごめん
なさい……！

今すぐ出ま……
ドカッ
ぱくっ
ナイスキャッチTaka～♫
ポチッ
あっ!?
そこタッチしちゃダ☆メエエ
ワープ開始～
ワープ開始～!
ヒュイイイ…
カッ
ゴオッ!
!?

うわあああ!?
次ハ
ムロマチジダイ～
ムロマチジダイ～
げっ!?
モロダシ時代?
ときはなて
ム・ロ・マ・チ!!!
室町時代だよ!!
ねえ
どんな
時代なの?
えっ
イヤなよかん…
ギクリ

オ
は発車しちゃった～!?
ねえ
どんな
時代なの?
え えーと
たしか
鎌倉時代よりあとで……
どんくらい
あと～?
そ それは
まだ習ってないから……
せーれき
何年～?
ねえ～?
ねえねえ
ずい
ずい
ずずい
ねーねーねー
ねーねーねー
ねー
たっ
助けて
Taka～
……
また
いぢめる～

と とにかく止めて～!! ええと……
んも～う☆ わたしハ・ニ・ィ！ ちゃんと覚えて～ん♥
名前とかいいから早くッ！
も～☆しょうがないわね～♥ じゃあまず運転席の光ってるボタンを……
コレかな？
ポチっとな♪
あっ☆それじゃなくてー
緊急脱出ボタンガ押サレマシタ
ぱかっ
脱出装置射出！
シュ
ゴ
わーーーッ
えっ!?

次ハキンカクキンカク～
ババスが行っちゃう～……！
わああ
ああ
めああ
カッ
パッ
ドフッ
ガンッ
ドサーッ
ぎゃんっ
ばばーーーーーム♥
いえーい エマ&Takaペア 今回も見事な着地 ひゃくおく点!!
……だから～
ドタドタ
ここ……どこだろう……？

ドャ
おっれたちゃ倭寇♫
へいへいへへ～い♪
おっ宝大量～ぶんどり上等♫海賊稼業はやめられねぇぜぃ～♪
ほいほいほほ～い♫
!!
ひ人だ！隠れろ！
勝利の踊りだへいへいへへ～い♫
ドャ
……楽しそうー エマも歌う～
しっし～っ！
もごもごごごー!!(なにすんのさー!!)
ボクら今は現代の格好なんだぞ 別の時代の人に見つかったらまずいよ……！

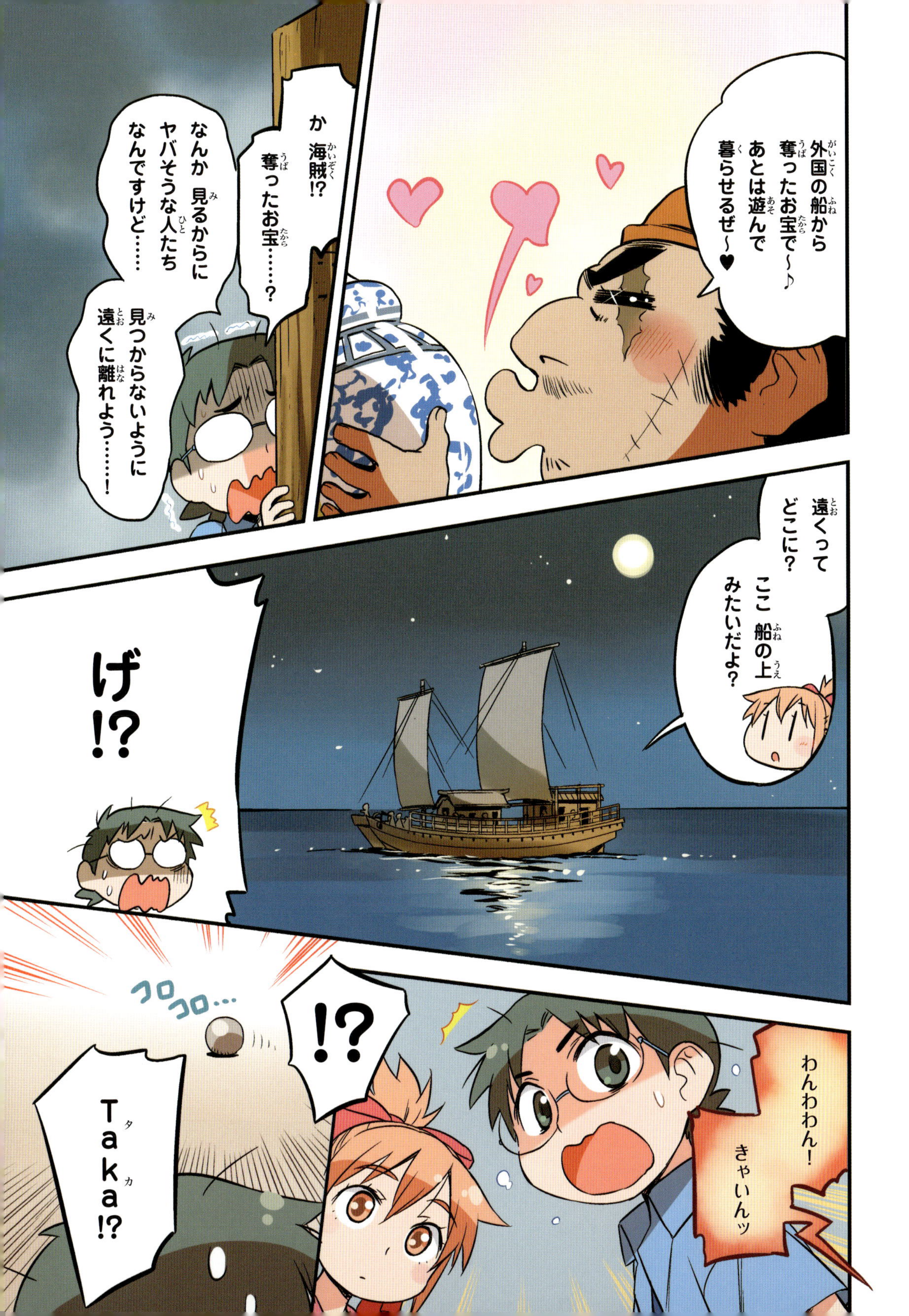
外国の船から
奪ったお宝で～♪
あとは遊んで
暮らせるぜ～♥
か 海賊!?
奪ったお宝……?
なんか 見るからに
ヤバそうな人たち
なんですけど……
見つからないように
遠くに離れよう……!
遠くって
どこに?
ここ 船の上
みたいだよ?
げ!?
わんわわん!
きゃいんッ
!?
コロコロ…
Taka!?

室町時代ってどんな時代？

① 鎌倉時代の次の武家政権

今から680年ほど前の1333（元弘3）年、初めての武士の政権（武家政権）である鎌倉幕府が滅びました。その次にできた武士の政権が室町幕府です。

「室町」という名称は、室町幕府の3代将軍・足利義満が、将軍の住まい「室町殿」を京の室町につくったことにちなんで使われています。室町時代は、1573（元亀4）年まで約240年間続きました。

② 室町幕府の初代将軍・足利尊氏

室町幕府を開いたのは、鎌倉幕府をつくった源頼朝の血を引く足利尊氏という人物です。尊氏は武家の名門・源氏の家柄出身というだけでなく、おおらかで気前のいい性格だったので、多くの武士に支持され、新たなリーダーとなったのです。

モロダシ時代
じゃなくて
ム・ロ・マ・チ時代♥

室町時代のキーパーソン 1

家柄よし！性格よし！の初代将軍

足利尊氏

★生没年 1305～1358年

鎌倉幕府の有力御家人だったが、後醍醐天皇の幕府を倒す計画に応じ、幕府を裏切る。その後、武士のリーダーとして室町幕府を開き、初代将軍となった。

写真：PIXTA

③室町幕府のしくみ

室町幕府の政治のしくみは、鎌倉幕府とよく似ています。まず、将軍を補佐する役として管領を置き、中央の機関の侍所、政所などをまとめるとともに、幕府の命令を地方に伝えました。

また、幕府の出先機関として、関東には鎌倉府、東北には奥州探題（のちに羽州探題が分かれる）、九州には九州探題がそれぞれ置かれました。

幕府の中央組織

将軍
管領
侍所　政所　問注所

侍　所：京の警備や、刑事裁判などを扱う機関
政　所：将軍家の財政などを扱う機関
問注所：文書・記録の保管などをする機関

将軍は鎌倉時代にも室町時代にもいるんだあ

地方には、幕府から各地の政治をまかされた守護という役職を置きました。室町時代の守護は鎌倉時代に比べ多くの権利を持っていて、やがて各国の支配者といえる存在になります。そのため、守護大名とも呼ばれました。そして、守護大名が支配をまかされた国（領土）は領国と呼びます。

守護大名はふつう、それぞれの領国ではなく、京に住んでいました。領国には、守護大名によって任命された守護代と呼ばれるけらいがいて、実際に支配していました。

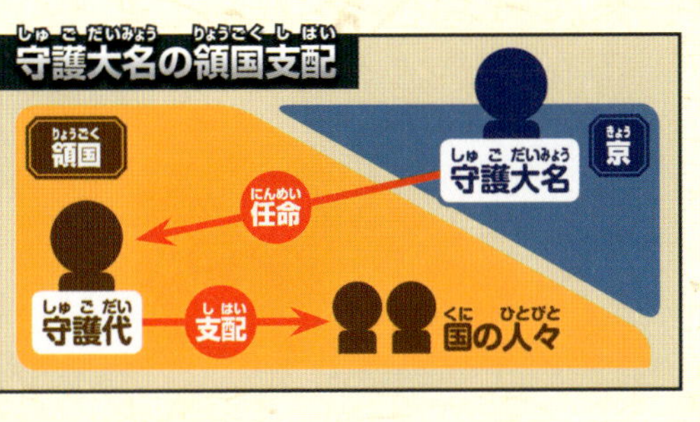

2章 Taka、さらわれる！

まて〜〜
なんだ あのチビどもは！
さらったヤツらが逃げ出したか!?
つかまえろ〜!!
うわあ〜鬼の形相で追ってくるよ〜！
ヒー〜
こわいよ〜
わーいオニごっこだ〜
エマ オニごっこ大好き〜♥
ドギューーーン
うおっ
はやっ!?
置いてかないでぇ〜
み 見つかったじゃないかエマのばかーーッ
へへ……
ワーワー

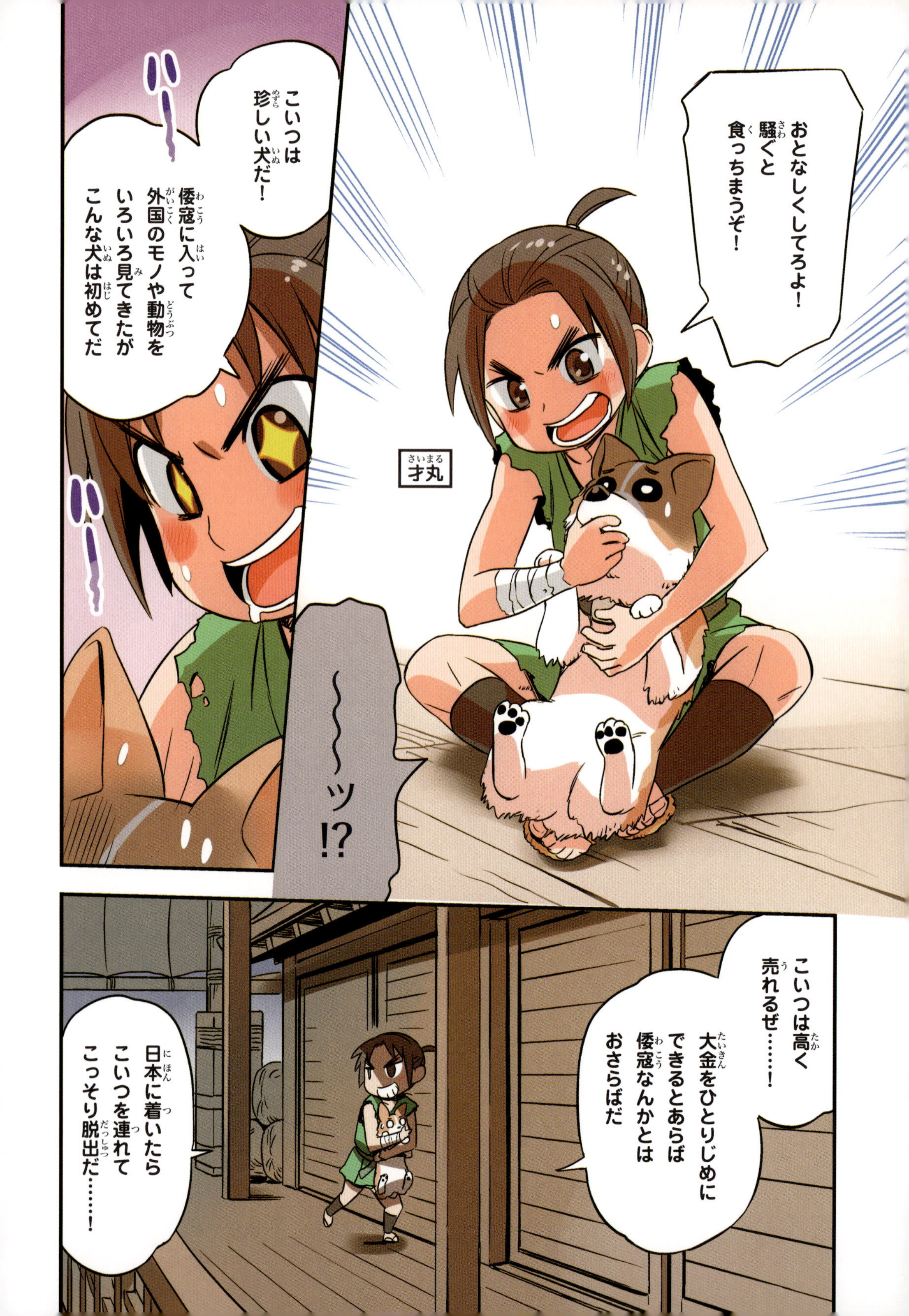
おとなしくしてろよ！騒ぐと食っちまうぞ！
才丸
こいつは珍しい犬だ！
倭寇に入って外国のモノや動物をいろいろ見てきたがこんな犬は初めてだ
〜〜〜〜ッ!?
こいつは高く売れるぜ……！
大金をひとりじめにできるとあらば倭寇なんかとはおさらばだ
日本に着いたらこいつを連れてこっそり脱出だ……！

ば……
ばう
ばばうっ！
ダ
あっ……
!?
逃がすか……っ
ボーッ
サッ
!!
ほ～れ ワン公 ホネだぞ～♥
わんっ♥
そら とってこい！
わわわ～ん♥
ぴゅ～～～♥
ぱくっ♥
パタンッ！

わわわわお――ん
ちょろいもんだぜ♪
ほかの連中に見つからねえよう隠しておこう♥
バタ
ドタ
一方 エマとケンジは――
ど……どこいきやがった……
な なんちゅー逃げ足と体力じゃ……
ハァ
ヒィ
ぜへ――～
ここならオニにつかまらないもんね♪
ぜ～
ひ……ひいいい高いぃ～

ワオォー〜〜……
Takaの声がする〜
!
あそこだ!

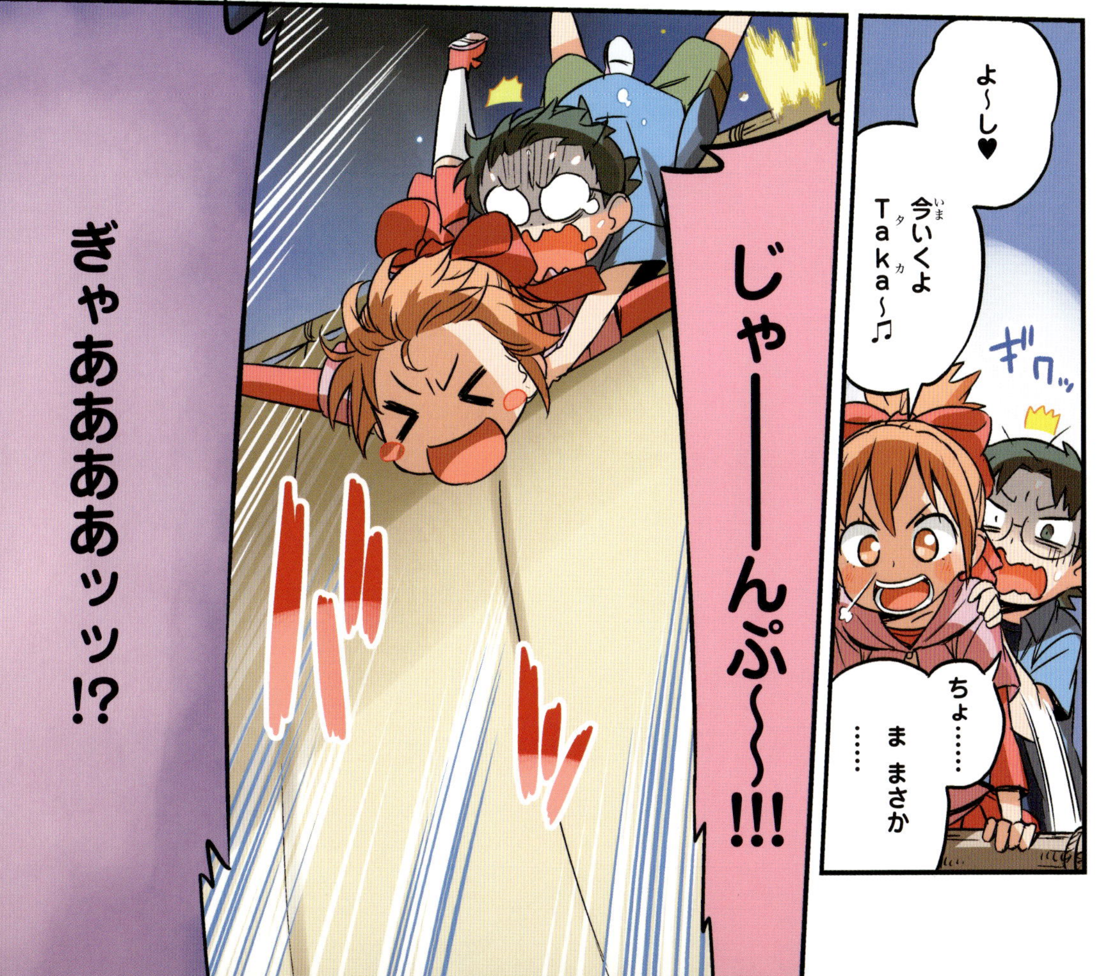
よ〜し♥
今いくよTaka〜♫
ギクッ
ちょ……
ま まさか……
じゃーーんぷ〜〜!!!
ぎゃあああああッッ!?

ひゅるる～～…
おわあっ!?
ドスッ!
着地成功
ひゃくちょー点♥
な……
なんだ……!?
ばばーん
Taka
はっけ～ん♥
ばうわわうっ
おまえらが
飼い主か……?

悪いが
返すわけにゃ
いかねえなあ
ゴ
ゴ
ポキ
ポキ
そのワン公は
今日から
この才丸さまの
モンだからな……！
ちょいと
痛いメに
あって
もらうぜ～!!
ポカスカポカポカカーーー
ばばーーーん！
よわっ

まだやるか～!?
がるるる～っ
がるる～
ヒイ゛
わーーー
まてまてまて!

じ 実はおれ……
じゃなく
ぼく
倭寇と一緒に
悪いことするのが
嫌になって
そのワン公……
ワンちゃんを
助けてあげようと
思ったんだ♥

わこー?
へ?
わ 倭寇を
知らない
……?
ピコーン
そんなことも
知らないんじゃ
この先困るぜ?
教えてやっても
いいけど……
それには授業料を
いただかないとな～
金もうけの
絶好の機会!
今の時代
何をするにも
タダってワケには
いかねえのさ!
えっ
じゅ
授業料
……!?

今お金持ってないから別にいいよ……
エンリョするなって！
う～んそうだな……
本当はワン公が欲しいんだけど……
じろ
じろ
じ～～
む！
ななんだそれー!?
へ？これ？
うおお……！なんかすげえ
レキシンジャーロボ
ぱああっ♥
こんなお宝明でも見たことないぞ……！
こっこれ！これくれ！
なーんだレキシンジャーが好きなんだね！
いいよあげる～♥
ひゃっほ～♪こいつは高く売れそうだぜ！

よし！
おれは約束は守る男だ！
教えてやっから耳かっぽじってよーく聞け！
倭寇ってのは外国の海や土地を荒らしまわってた海賊のことさ！
その暴れっぷりがあんまりひどいんで明が日本に取り締まるように文句を言ってきたんだ
みんってなに？
ズ
ホントになんも知らないんだな……
明ってのは海を渡った先にあるあの大国家だよ！
ヒ～
ポイッ
日本
んで室町幕府のエライ人が倭寇を厳しく取り締まったんだ
で明との貿易も正式に始めた
ホッ
これでひと安心♥
お宝を交換しよう♥
倭寇禁止!!
中国のことかな……？
海が安全になったので明と貿易開始だ♪
明
その正式な貿易船は遣明船っていうのさ
行ってまいります～
というわけで倭寇は商売あがったりで大いに困ったわけだ
でもおれは思いついたね！
そうだ！
遣明船のフリをすりゃあみんな油断するんじゃねえか……てな！

お～い才丸！
才丸はどこだ!?
おっと
お頭がお呼びだ……！
おまえら ここに隠れてな！
かくまってくれるの……？
もちろんよ！
おれたちもう友達だろ！
友！
こいつら珍しいモノ
まだ持ってそうだ
ほかの連中に横取りされねえように
しねぇとな……♥
ししし…
おめえくらいの
チビふたり
見なかったか？
ハア
ハア
さあ
知りやせんね～
ううむ
どこへ
消えやがった
まあいい
もう日本に着く
例のモノを
持ってこい
へい！

例のモノ
例のモノ～
何？
ゴソ
ゴソ
コレさ！
「勘合」っていう合札だ
遣明船は「自分たちは正式な貿易船です」という証明としてこんな札を持ってんだ
合体！
本字壹號
たしかに♥
ホンモノで～す
で 明が持つあとの半分と合わせてちゃんと読めるか確認するのさ
へー……って
この船ニセモノなのに なんでそんなモノを……？
もちろん こいつぁニセの勘合さ！
ホンモノそっくりのな♫
カンペキに似せてつくったんだ
絶対バレない自信ありだぜ♫

おし 日本に
着いたぜぇ
変装は
できてるか
おめえら!?
ばっちり
でさぁ!
ザザ――…ン
航海ごくろうで
あった
こちらが
勘合で
ございやす～
なに!?
ピクッ
勘合だと!?
こ こいつら
ニセモノだー!!
ひっとらえろ
――ッ!!!
えええ――!?
ガビーン
なんで
バレた～!?
なんで～!?

鎌倉幕府の滅亡と南北朝

① 鎌倉幕府を倒す計画は天皇の呼びかけから始まった

鎌倉時代の日本は、1274（文永11）年と1281（弘安4）年の2度にわたってモンゴル（元）の大軍に襲われました。この国の大ピンチに武士たちは「一所懸命」（自分の領地を命がけで守ること。現在では「一生懸命」とも書く）に戦いましたが、頑張ったわりにはほうび（領地など）が少なく、次第に生活に困るようになります。そうした状況で、鎌倉幕府の執権として、権力や富を独占していた北条一族への不満が高まっていきました。

これを見た後醍醐天皇は、政治の実権を幕府から朝廷に取り戻そうと、鎌倉幕府を倒す計画を立てます。その呼びかけに楠木正成や新田義貞といった武士がこたえて、幕府の有力御家人・足利尊氏も反旗をひるがえします。そして1333（元弘3）年、鎌倉幕府は滅亡しました。

室町時代のキーパーソン 2

朝廷による政治を復活させた

後醍醐天皇

★生没年 1288～1339年

鎌倉・南北朝時代の天皇。武士中心の政治に不満を持ち、倒幕を2度計画するが、失敗。それでもあきらめず、足利尊氏たちの協力で政権を取り戻し、「建武の新政」を行った。

東京大学史料編纂所所蔵模写

室町時代のキーパーソン 3

鎌倉幕府を滅亡に導いた執権

北条高時

★生没年 1303～1333年

病を理由に24歳で執権をやめ出家するが、政治は人まかせで闘犬などの遊びに夢中だった。倒幕軍の新田義貞に鎌倉を占拠され、一族で集団自決。鎌倉幕府を滅亡に導いた。

東京大学史料編纂所所蔵模写

②わずか3年弱　朝廷中心の「建武の新政」

鎌倉幕府を倒すことに成功した後醍醐天皇は、ついに政治の実権をにぎり、京で後醍醐天皇が理想とした、朝廷を中心とする新しい政治を始めました。これを「建武の新政」といいます。

新しい政府は、重要な決定はすべて後醍醐天皇自身が行う独裁政治体制でした。また貴族が優遇されることが多く、武士の反発を買うことになります。結局、建武の新政は3年足らずしか続きませんでした。

③「南北朝時代」の始まり

もう一度、武家政権をつくろうと、武士たちは足利尊氏をリーダーに立ち上がります。こうして尊氏軍と、後醍醐天皇の朝廷軍との戦いが始まりました。最初は負け気味だった尊氏軍ですが、やがて朝廷側についた楠木正成や新田義貞の軍を破り、京を占拠します。そして1336（建武3）年、尊氏は新たな天皇（光明天皇）を立て、新しい朝廷（北朝）と室町幕府を開きました。北朝が開かれてから2年後、尊氏は征夷大将軍になりました。

一方、後醍醐天皇は吉野（奈良県）に逃れ、朝廷をつくりました（南朝）。ここにふたりの天皇と2つの朝廷が存在する「南北朝時代」が始まります。南北朝時代はその後、60年もの長い間、争いが続きました。

南北朝のあった場所

琵琶湖
京（北朝）
大阪湾
吉野（南朝）

3章 絶対王者・足利義満

みんな！ばさらってるぅ？

おまえら倭寇だな!?
正式な日明貿易が始まって姿を消したと思っていたがまだいたか……！
遣明船に化けるとはフラチなヤツらめ！
な……なんでバレたんだ!? カンペキに勘合を写したのに……！
勘合を合わせるのは明に着いた時だけだっ！
そんな基本的なことも知らんヤツは倭寇に決まっとろーが!!
えええ〜〜!?

それっ ひっとらえろー!!
ワー!!
ひいい〜〜っ!?
ややべっ ずらかるぞ おまえら!
え……ええ〜!?
ワー
ワー
だーっっ
あっちだ にがすなー
ワー
イヤー
ワー
船をおさえろー
ヒー
ワー
かんねんしろ〜!

……ふう なんとか 逃げ切ったな
仲間を置いてきてよかったの?
仲間?
へっ! あんな連中が仲間だって?
生きていくのに利用できるから一味に加わってただけさ
そうでなきゃ倭寇なんかに入るもんかよ……

……でおまえらいったい何者なんだ？
わたしエマ！こっちはケンジ♪
いや名前聞いてんじゃねえよ……
変わった格好だけどどっから来たんだ？
えーっとねずっと未来のー
ハー
ゼヘー
ガバッ
ああああああ!?
たTakaがまたいなくなってる～っ!!
そういや逃走中いなかったような……
置き忘れてきちゃったんだああ～！
捜しに戻ろう！
犬？
そういえば倭寇の積み荷に妙な犬がまじってたから京に連れていくとか言ってたな
京にいらっしゃる前の将軍・足利義満さまは犬がお好きだから献上するんだろ
ええ～～!?

た大変だ！連れ戻さなくっちゃ！
義満なんかに渡してたまるかよ！アレはおれさまの……あ　いや！
ケンジたちの犬だもんな！
よーし！じゃあさっそくれっつらごー!!
ドギュ〜ンッ!!
ちょっ……!?ま待って〜!!
ドドド――…
ところで京ってどっち？
ええ〜!?
知らん
えええええ〜〜!?
ドヤー
!?
が――ん
ドドドドド
!?
びくっ
ドドドド

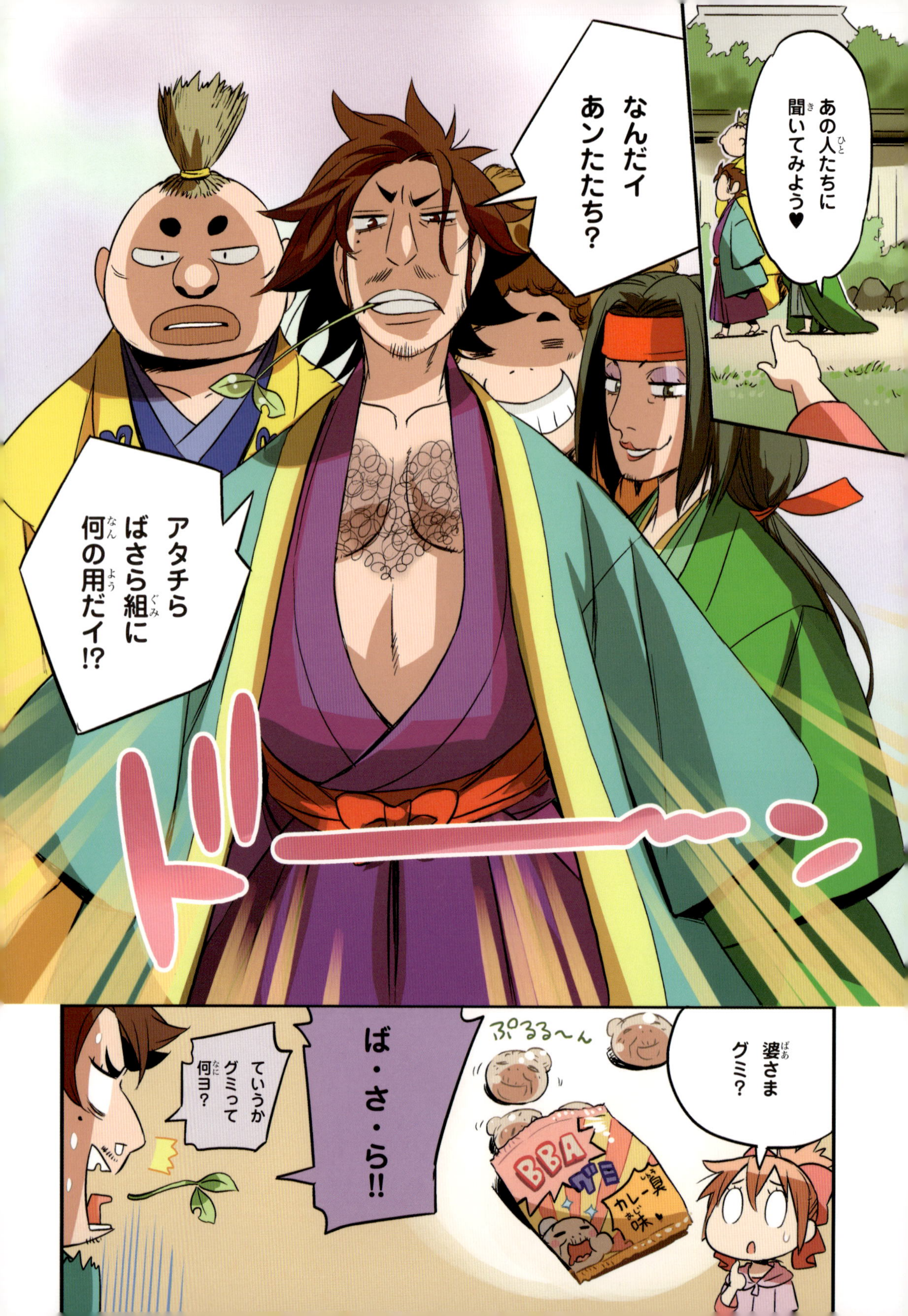

あの人たちに聞いてみよう♥
なんだイあンたたち？
アタチらばさら組に何の用だイ!?
ドーーーーン
婆さまグミ？
ぷるる〜ん
BBA
グミ
ば・さ・ら!!
ていうかグミって何ヨ？

アタチりゃあ
これまでの
権威なんか
ものともしない
派手な服装で
自由を表現する
若者たちさネ!!
ばばーん
キメキメ——…♥

派手ってか
キテレツなだけ
じゃねーか……
失礼ネ!!
アタチらの
とんがった生きざまには
普通の格好じゃ
ダメなのヨ!!

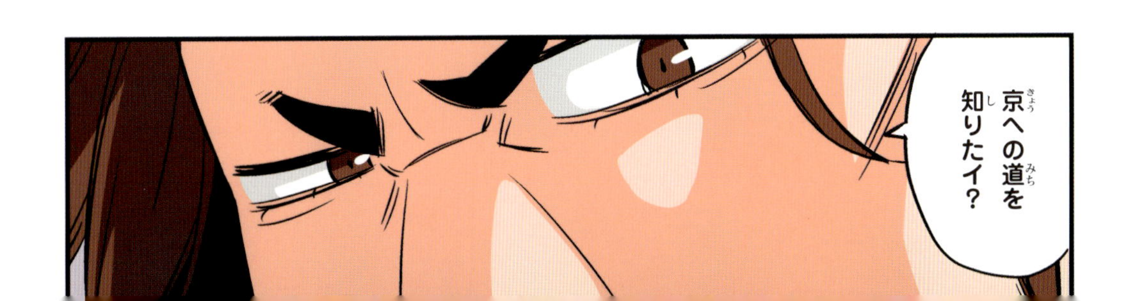
京への道を
知りたイ?

その珍しい服…… あんたたちも ばさら者と見たワ!
けど ぜんっぜん 中途半端!
じろじろ
アタチらは ハンパなヤツは 大っキライさネ!
このばさら組に モノを尋ねたキャ
最ッ高にばさらな格好で アタチらを うならせてごらんヨ!
ビッシ
キメ～ン♥
ええ～!?
うならせるって どうすればいいの ……?
要はあいつらより キテレツな格好を すればいいんじゃ ねーか?
キテレツって 派手でヘンテコってこと? ボクらはこの服しか ないんだけど……
派手派手に すればいいのか!
よーし! エマにまかせろ～♥

ばりっ
ばりーーーん!!
!?
!?

ひいいいいいいいっ!?
しゅ しゅごイ……ッ!!!
ばさらってるぅぅッ!!
超ばさらってるワ
このコたちィィイッ!!!
ヒィィィーッ
コドモとは思えぬ
凶悪なばさらっぷりヨォォォォ!!!
ギャース
「ばさらってる」
って何?
そんな言葉
あるのかよ……
※ありません

すごいわ あんたたちッ!!
わ──♥
すごすぎて おしっこ もらしそうに なっちゃっタ
気に入ったワ! アタチら今日から ばさら仲間ヨッ! マブダチよっ♥
やるじゃなイ
末恐ろしい わネ
わーい エマたち まぶだちだぁ~♫
よーし アタチらが京まで 連れてって
あ・げ・ル☆
おわ!?
ななんや あのヘンな集団!?
ゾロ ゾロ
……
ボク……
いつまでこの 格好してなきゃ いけないんだ だろう……
ヒィ~~

よしみつさんってどんな人?
なァに? 知らないノ!?
室町幕府3代将軍だった足利義満さまヨ!
足利尊氏
義満さまは室町幕府を開いた足利尊氏さまのお孫さまデ
将軍だけでなく太政大臣っていう超エライ役職にもついためっちゃ重要人物!
朝廷が2つに分かれて争った大混乱の時代を見事にまとめあげたすンご〜いお方さネ!
ピカーーー
しかも倭寇をしずめ明(中国)との貿易を始めて超お金持ちニ!
京のど真ん中に金ピカの建物をつくっちゃったのヨ〜♥

……エライ連中に反抗するって言ってたくせに義満のことは激ホメだな……
なっ何のことかしラ…ッ?
ほら京が見えてきたヨ～♪
せっかくだしアタチらも見物してくかネ♪
行こう行こう!
ワイワイ
わ～♥
金ピカ見てぇ～♥
ギャーム
おわあああああああ!?

しっしっ
ななんやその キテレツな 格好は!?
お おまえたち ばさら者やな!
これより京
幕府のお達しで ばさらはとっくに禁止や! 京に足を踏み入れるのは許さへんで!
がーーーン
ええーーっ!?
何が許さんだ エラそうに!
そんな決まり 知ったこっちゃねえぜ!
なあ おまえら!
どげざーー
ははー かしこまりましター!
ええ~!?
言ってることと やってることが 違うじゃねーか……
とんがってるの 格好だけじゃん~
う……うっさいわネ! 決まりごとを破るなんて 犯罪者じゃないのヨ!
アタチら 格好はアレだけど イイ子なのヨッ!

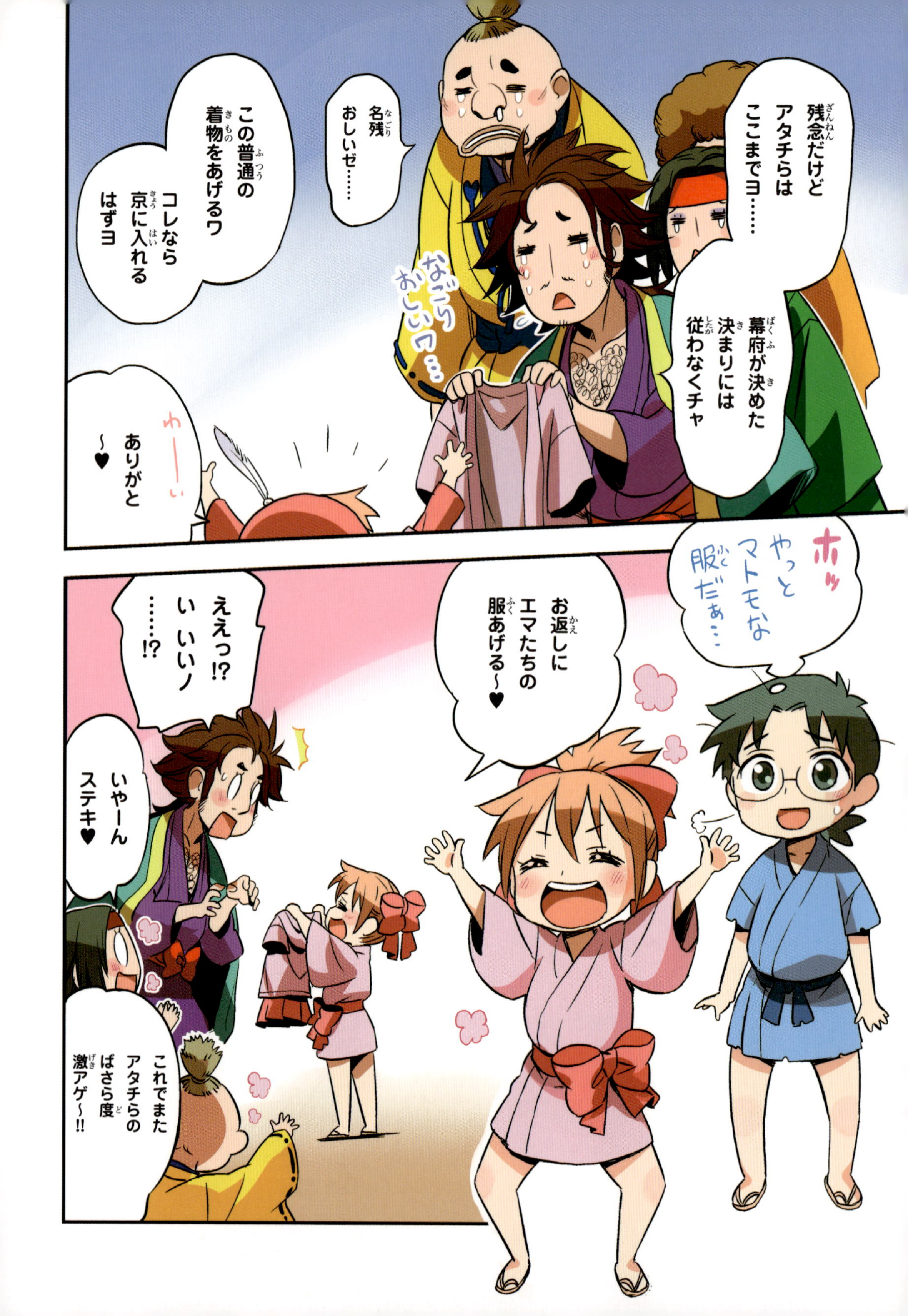
残念だけどアタチらはここまでヨ……
幕府が決めた決まりには従わなくチャ
名残おしいゼ……
なごりおしいワ…
この普通の着物をあげるワ
コレなら京に入れるはずヨ
わーーい
ありがと～♥
ホッ
やっとマトモな服だぁ…
お返しにエマたちの服あげる～♥
ええっ!?いいいノ……!?
いやーんステキ♥
これでまたアタチらのばさら度激アゲ～!!

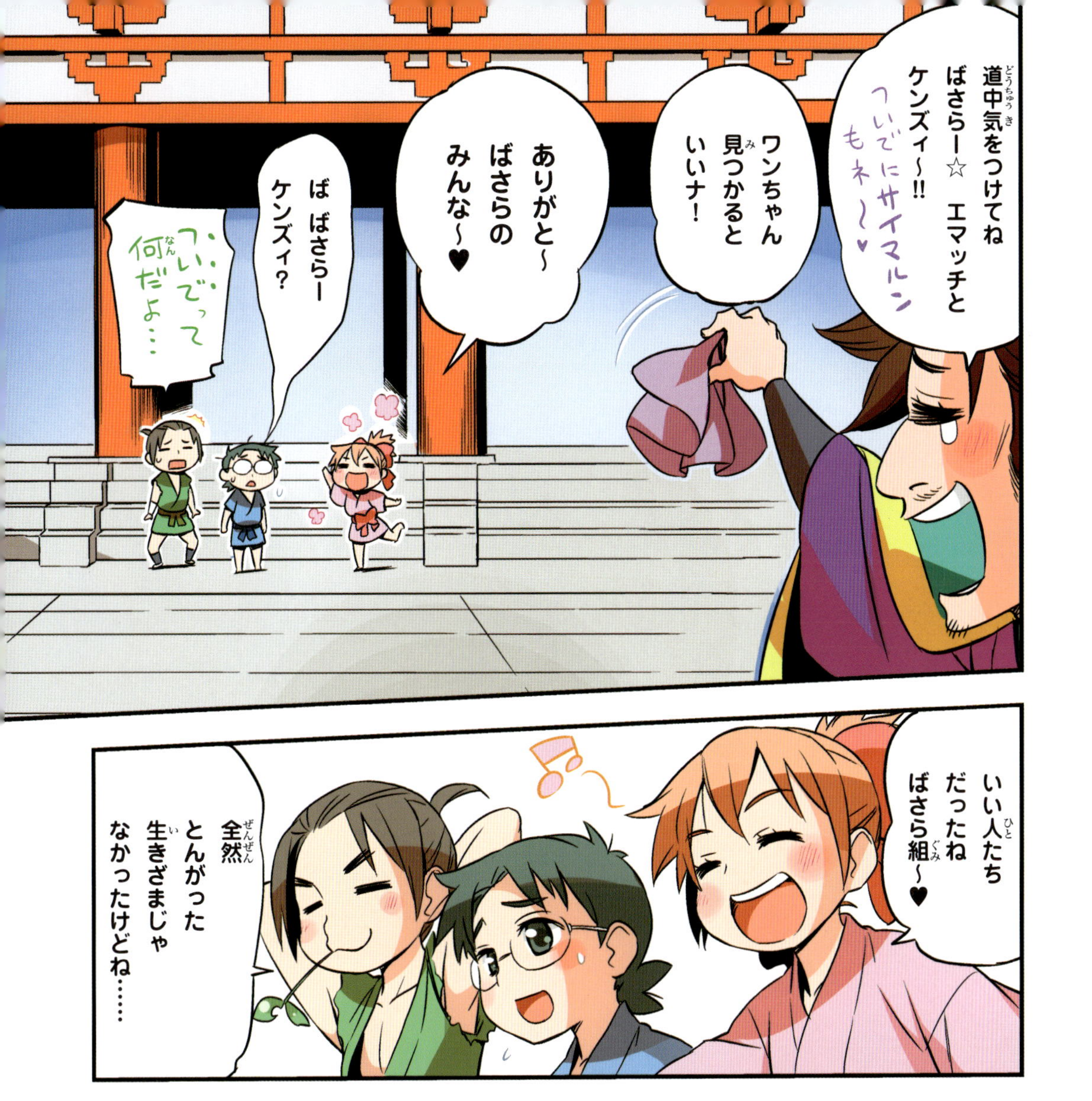
道中気をつけてね
ばさらー☆　エマッチと
ケンズィ～!!
ついでにサイマルンもネ～♥
ワンちゃん
見つかると
いいナ！
ありがと～
ばさらの
みんな～♥
ば　ばさらー
ケンズィ？
…ついでって
何だよ…
いい人たち
だったね
ばさら組～♥
全然
とんがった
生きざまじゃ
なかったけどね……

よ～し
ケンジ！
マルちゃん！
義満さんの
とこまで
競走～!!
だ――～～っ
ま…
まって―～
えっ……!?
マルちゃんって
俺のことかぁ……!?

倭寇と勘合貿易

① 中国や朝鮮沿岸の海で暴れまわる！

倭寇とは、中国や朝鮮の沿岸を中心に13世紀頃に現れた、船や港の積み荷や食べ物を奪ったり、村に火をつけたり、住人をさらったりした海賊です。海賊が出始めた頃、その集団の中に倭人（日本人）をたくさん見かけたことから、中国・朝鮮側が倭寇と名づけました。倭寇は、15世紀まで活動した前期倭寇（日本人が中心）と、16世紀に活動した後期倭寇（中国人が中心）に分けられます。

倭寇は、明（中国）や朝鮮の人々からとてもおそれられました。当時、朝鮮半島にあった高麗という王朝がおとろえた大きな理由の1つとして、この倭寇があげられるほどです。

あまりの暴れぶりに手を焼いた明は、日本に倭寇を取り締まるように求めます。それに対して室町幕府の足利義満は、その依頼を引き受けました。

「倭寇図巻」から
中国大陸沿岸を荒らしまわった倭寇（右側）と、倭寇を退治しようとする明（中国）の軍勢（左側）
東京大学史料編纂所所蔵

前期倭寇は九州や瀬戸内海の海の男が多かったぜ！

②「勘合」が合っていれば、正式な貿易船

倭寇をしずめた室町幕府は、明と貿易を始めました。この貿易では正式な貿易船だとわかるように、「勘合」という合札の証明書が使われました。このことから、この時期の日本と中国との貿易（日明貿易）を勘合貿易とも呼びます。

また日明貿易は、日本が大国の明に「みつぎ物」を差し出し、明が日本に「お返し」を与える、という形式の朝貢貿易でした。朝貢は、みつぎ物よりお返しのほうの価値があったことから、室町幕府はばく大な利益を手に入れることになりました。

日明貿易が始まると倭寇はすっかり下火になったのよ♡

明

本字壹號

日本

「勘合」の合札

明との貿易では、このような「勘合」が使われた。日本から持っていく札（左側）と、明で保管している台帳（右側）が合うかどうかで、正式な貿易船かを見分けたという

明との貿易のために海を渡った遣明船

日本から明への「みつぎ物」は刀、銅、扇などで、明から日本への「お返し」は銅銭、生糸、陶磁器などだった

「真如堂縁起」から　真正極楽寺蔵

4章 京でがっぽり大もうけ！

昔 田植えの前に豊作を祈ってやってた踊りがもとになった芸能さ
あいつらはそれでメシを食ってんだ
ほかにも「猿楽」っていうモノマネが得意な集団もいるぜ
たしか それらをすごい芸術にまで高めたってヤツがいるんだけど何て名だったかなぁ……
へえ要するにプロのダンサーかぁ……
カナアミだったかニイニイゼミだったか……
野菜に魚
紙に陶磁器に織物……
あれは工具かな?
いろんなモノが売ってるね
ふうん……?
?

あっ！お風呂屋さんまであるよ～♪
何だか鎌倉時代より町が活気づいてる気がする……
ガヤ
ガヤ
何だいまるで鎌倉時代知ってるみたいな言い方だなぁ
あっいいやみ見てないけどね……っ
ギク
だいぶ昔だぜ？
明からたくさんのモノや銭が入ってきたおかげでエライ連中は大もうけさ
庶民もそのおこぼれで商売大繁盛ってわけだ
あっちからおいしそうなにおいがする～♥
くんくん
おい!? エマ何だ急に……！
ドギューン！
ぱたりん
あっ……ころんだ
しーーーん
…………!?

どどうしたのエマ……!?
だっ
頭でも打ったか……!?
ぐぅうぎゅるるる～～
ズザーーッ
おなかすいたぁ～～……
ぐぎゅるるりる～～
そういやこっち来てから何も食べてない……
うーん飯屋はあるけど金持ってねえからなあ……
死ぬう～
あっ……お茶のにおいがする……♥
のどがかわいたお茶飲みたい～
くんくん
喫茶かあ
タダじゃ飲ませてくんねえだろうなあ
茶

くん
くん
くん
くん
くん
くん
くん
くん
おにぎりのにおいもする～
どっかで貝焼いてる～アサリだぁ♥
あっちからはお味噌のにおい～
むむっこれは草もちかな……？
ぐー～
あーもう！やめろよエマ！よけいおなかすくだろ～！
ぐ～
なななんつー鼻だ……
犬かよ
!!
ピコーン
そそうだっ！
いいこと思いついた！ついてこいエマ！ケンジ！
え……な何!?
いいから来い！
金かせいでメシたらふく食わせてやっからっ！
ダッ
へ……!?

チャカ
チャカ
チャカ
……えーと……
チャ
チャカチャカチャカチャカチャカチャカチャ
ぐううううう～
こ これは……？
お茶会……？

お茶一杯分のお金すらないんだけど……
心配すんな！ここは茶を買って飲む場じゃねえ
「闘茶」って競技のま 賭け事の場さ！
か……賭け事!?
ダッ ダメだよ！ギャンブルなんて不良のやることだよ！
不良なんかになっちゃったらママが怒るよ！
ぎゃ……ぶる？なんだそれ？
コレは公家だけでなく武士や坊さんまでもが夢中になっている高貴な遊びなんだよ！
ていうかココで金かせがないと飢え死にしちまうぞいいのかよ？
ヒッ
ぐ～～
なっ飢え死にはやだよなエマ!?
ぐう～～
※返事

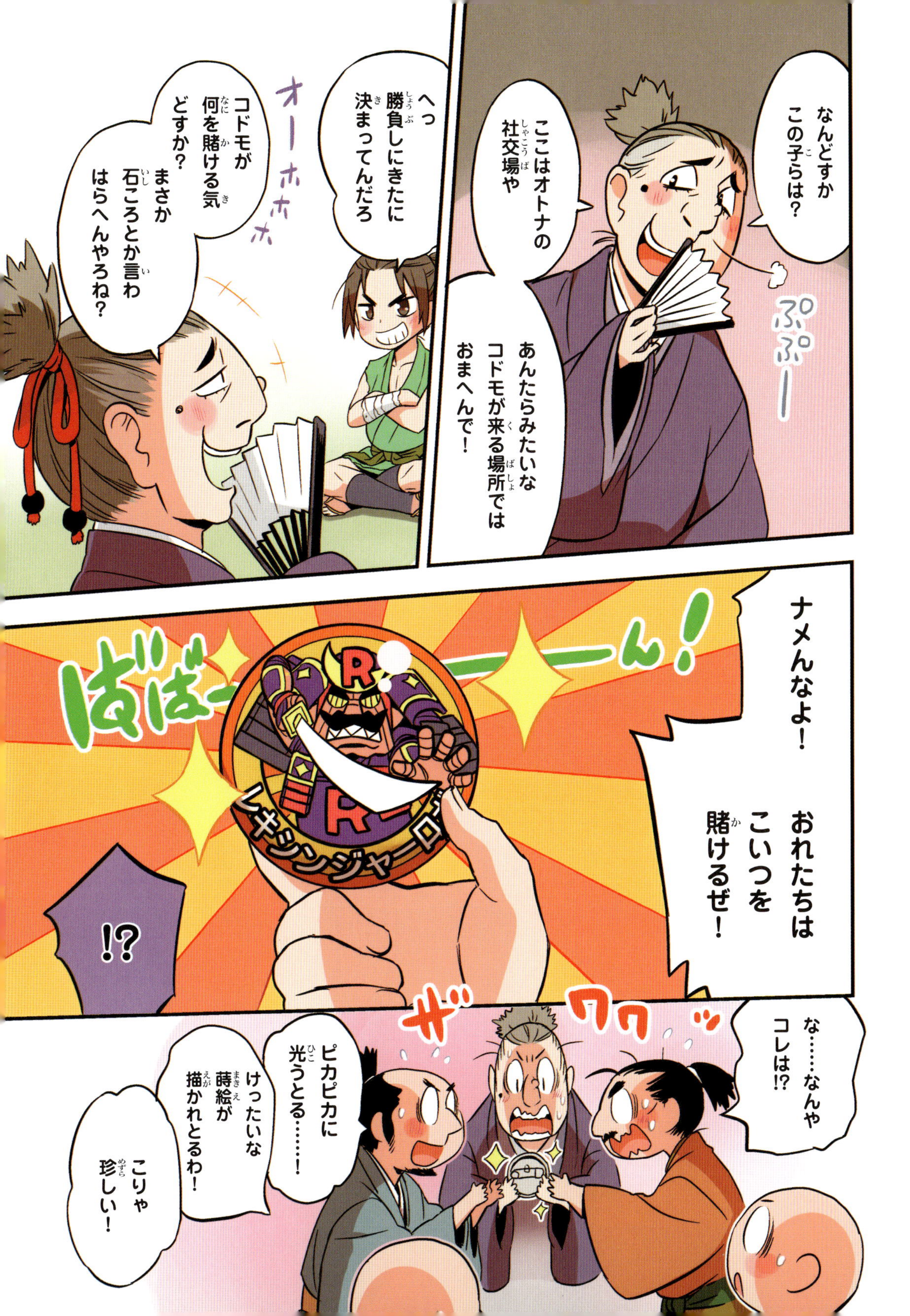
なんどすか
この子らは？
ぷぷー
ここはオトナの
社交場や
あんたらみたいな
コドモが来る場所では
おまへんで！
へっ
勝負しにきたに
決まってんだろ
オーホホホ
コドモが
何を賭ける気
どすか？
まさか
石ころとか言わ
はらへんやろね？
ナメんなよ！
おれたちは
こいつを
賭けるぜ！
ばばーーーーん！
!?
ザワワッ
な……なんや
コレは!?
ピカピカに
光うとる……！
けったいな
蒔絵が
描かれとるわ！
こりゃ
珍しい！

フン!!
よろしおす!
では わてはコレで勝負や!
ドーーーン
みなさん 準備はよろしいですね!
ぐうううう〜〜
勝負は四種十服茶ッ!
と 闘茶って何をやるの……?
簡単さ 茶の銘柄を飲んで当てればいいんだよ
ぎゅるるる〜
ここに産地の違う茶葉を4種類用意しました
これを私がばらばらの順番でいれますのでみなさんはそれが どの茶葉か当ててくだされ
10杯のうち何回正解したかを競っていただきます

ペットボトルのお茶飲んでメーカー当てるみたいなもんかな……って
こ こんなのわかるワケないよ……!
大丈夫だ おれのカンだがエマの野性的な嗅覚ならきっとできる! なっ エマ!
飲む前に茶葉のにおいをかがせてもらっていいかい?
ケラ ケラ
茶葉のにおい? はっはっは 犬じゃあるまいし 味見もせず 何がわかるいうんや
まあ 好きにしや
よし エマ こいつをかげ!
くん くん
お茶だあああっ♥
ガバッ
それぞれのにおいをよく覚えろよ?
くん くん くくくん
当てまくってうまいメシをたらふく食おうぜ!
ごはん!? 食べる～～っ ♥♥

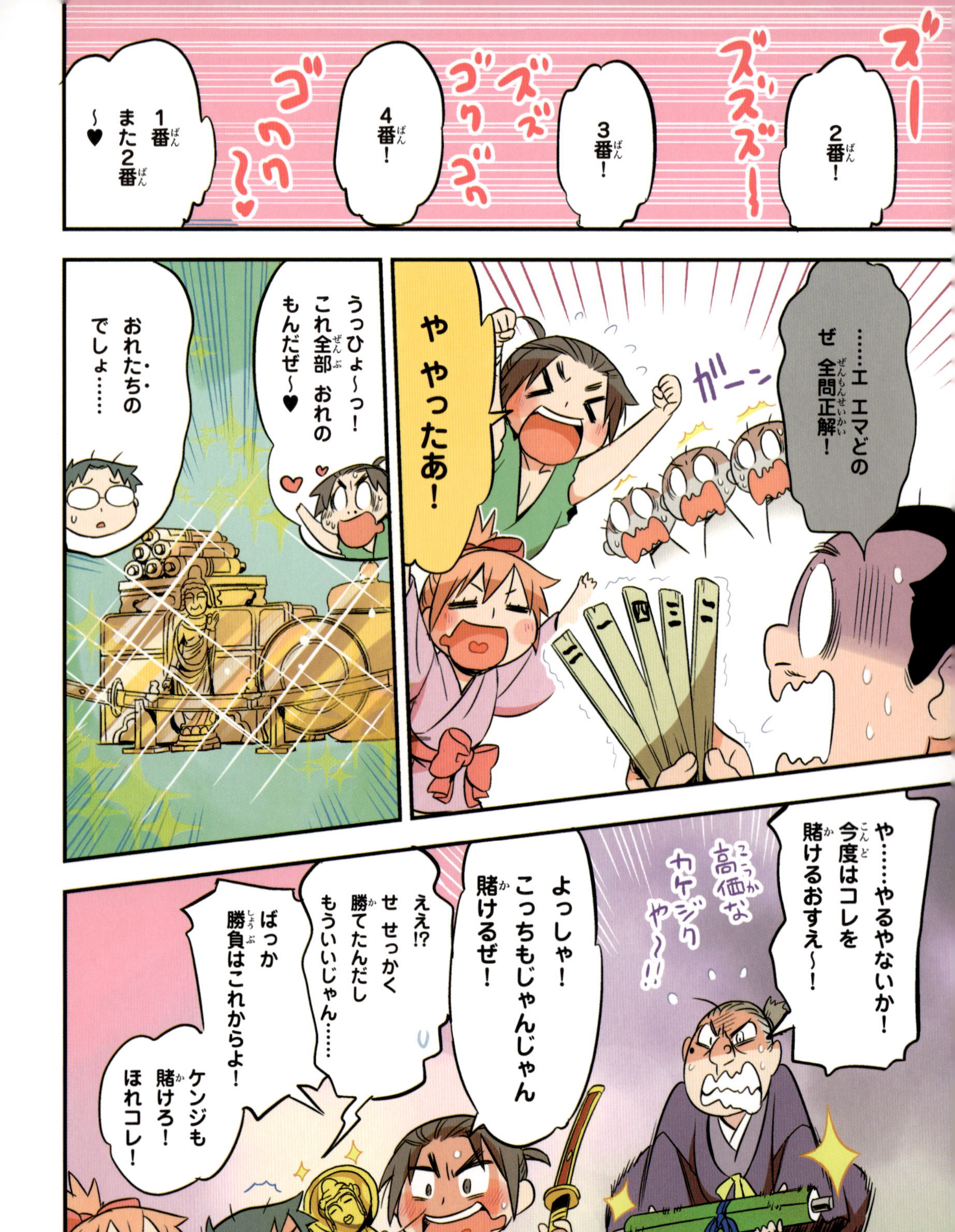
ズー
ズズズー
2番!
3番!
ズズ ゴクゴクッ
4番!
ゴクゥ～♥
1番 また2番～♥
……エ エマどのぜ 全問正解!
ガーン
ややったあ!
うっひょ～っ! これ全部 おれのもんだぜ～♥
おれたちの でしょ……
や……やるやないか! 今度はコレを賭けるおすえ～!
高価なカケジクや～!!
よっしゃ! こっちもじゃんじゃん賭けるぜ!
ええ!? せ せっかく勝てたんだし もういいじゃん……
ばっか 勝負はこれからよ!
ケンジも賭けろ! ほれコレ!

3 4 4 2 3 1 2 2 4 3～♥
だばば
だばぁ～
ぜ……全問正解……
うおおおおおっ
でかしたエマー－－！
ドン！
ききぃぃぃーーーッ！
まだまだイクわよーーッ！
正解……っ
エマどのの勝ち
また正解！
ズズー
ズルルー
ゴク ゴク
ゲフ～♥
勝ちっ
エマどの
全問正解ーーー!!
エマ WIN！
ひゃっほおおおおおおう♫♪♥
ややったぜ
エマ!!
おれたち
超大金持ちだっ
ケンジは
どうだ!?

みぐるみ
はがされました
……
すかん
ぺー〜〜ん
アホ〜〜
はあ……
※全問不正解
服はエマに
取り戻して
もらえそうだ
けど……
もう
ギャンブルは
こりごりだよ……
ていうか ふたりとも
いつまでやってるん
だろ……
早くTakaを
捜しにいきたい
のに……
そこのあなた
どうしました
その格好は？

キミは?
わたしは周建
禅寺で修行中の
小坊主で
ございます
何かお困りでしたら
うかがいますよ?
え?
うぅん
実は――
……なるほど
愛犬を取り戻すために はるばる
京まで……
それは大変でしたね
前の将軍・
足利義満さまに
お会いになりたいのですね?
義満さまなら
ここから小一時間ほど
歩いたところの
金ピカの建物がある
北山ですよ
金ピカ……?
エマが喜びそうな……

よろしければ わたしがご案内いたしましょうか?
えっ? いいの?
はい 困っている人を助けるのは僧の務めですから
ご友人もいらっしゃったようですよ
お～い ケンジ おまた～♥
そうか 金ピカに行くのか
悪いが おれはここで失礼するぜ
よいしょ
えっ!?
おれは 実は貧しい村で生まれて戦で両親も失ったから倭寇に入って暮らしてたんだけど
ピー
ヒョロロロ……
エマのおかげで大もうけできたし生まれ故郷の村に帰って そこでやりなおすんだ……
畑でもやって まっとうに暮らすさ
ケンジ
エマ

短い間だったけど一緒にいて楽しかったぜ！
もし京の南のほうに来ることがあったらおれの村に寄ってくれよな！
じゃあな！元気でいろよ！
こいつは家宝にさせてもらうぜ！
ばいばーい！マルちゃんも元気でねーっ♪
マルちゃんって呼ぶなー!!
レキャーロボ
行っちゃったね……
うん……
元気でいてくれるといいね
うん
では わたしたちもまいりましょうか
おーーっ！
待ってろTaka……！
今 助けにいくからな！

日本国王・足利義満

① 室町幕府の最盛期をつくった将軍

足利義満は、室町幕府3代将軍です。義満が生まれた頃の世の中は、朝廷が北朝と南朝の2つに分かれて争っており、幕府の力は弱く、不安定でした。4歳の時には室町幕府と対立する南朝の兵に攻め込まれ、京から避難したこともあります。しかし、その後11歳で3代将軍になり、15歳で自ら政治を始めると、幕府の権力を確立しました。この義満の時代が、室町幕府の最盛期といわれます。

犬が好きで
有情と無情という名の
犬を飼っていたぞ！

足利義満（1358～1408年）
初代将軍・足利尊氏の孫で、室町幕府３代将軍。南北朝の合一、日明貿易などを通して大きな権力を手にした

東京大学史料編纂所所蔵模写

② 南北朝を1つにし、日明貿易を始める

将軍になった義満は、各地の有力な守護大名を抑え、南北朝を1つにしました。また、武士のトップである将軍職を息子の義持に譲ると、今度は公家のトップである太政大臣に就任します。その後、出家して仏門に入ってからも政治の実権を握り続け、明（中国）との貿易を始めました。

義満さんが
すごく
自慢しそうな
おうちだね～

「室町殿」
義満が将軍時代に住んでいた「室町殿」。数多くの草や木、花が植えられていたことから「花の御所」とも呼ばれた

狩野永徳「洛中洛外図」から　米沢市上杉博物館蔵

もの知りコラム

室町幕府の法律で禁止された「ばさら」とは？

「ばさら」とは、室町幕府が始まる頃にはやった言葉です。この頃、質素を第一とし、武芸を重んじる今までの古い価値観に対抗した武士たちが登場しました。彼らによる、派手な服装や勝手気ままなふるまいなどを表した言葉が「ばさら」です。

◆◆◆

ばさら的なふるまいをした人で有名なのが、足利尊氏の側近の高師直や、ばさら大名と呼ばれた佐々木導誉などです。彼らはわざとぜいたくな生活をし、身分や社会の決まりごとを守りませんでした。そんな彼らに手を焼いた室町幕府は、1336（建武3）年の「建武式目」という法律で「ばさらを禁止する」と書いています。

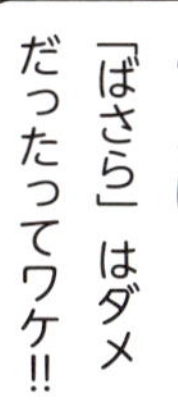

義満さまの頃には
とっくに
「ばさら」はダメ
だったってワケ!!

③「日本国王」を名乗って日本の頂点に！しかし、息子からは反発され…

武士と公家の両方でトップの地位を得ただけでなく、義満は日明貿易を始めるにあたって、明から「日本国王」の称号も与えられました。

しかし、義満が51歳で亡くなると、4代将軍の義持は、父親の業績を否定するようになり、日明貿易をやめたり、義満の住まいをいくつも取り壊したりしました。

これは、義満が弟（義嗣）ばかりかわいがり、義持にあまり目をかけなかったことへの反発だといわれています。

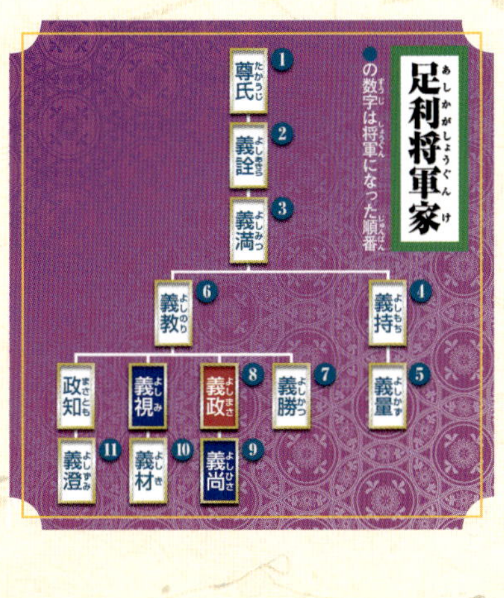

5章 Takaを救いに金ピカへ！

一休さん？どなたです？
ポク ポク
チ～～ン
有名な昔話でね！キミくらいの小坊主が「とんち」でいろんな難題を解決するんだよ～
とんち……ですか？

たとえばこの場合！
「はしわたるべからず」の「はし」を「橋」でなく「端」と読み替えて
はしはわたってないもんね～！
まんなかだもんね～♥
ドヤァ
橋を渡るな＝端を渡るな＝真ん中ならOK……ってなヘリクツをこねて堂々と渡るんだ！
おお！なるほどそれはずる賢い！
エマもそれ知ってる～♥

では真ん中を渡れば大丈夫なのですね
そのとおり
さぁ みんなボクにつづ――
ズボッ
!?

うわああああっ
おたすけぇぇ～！
ケンジ～～!?
ぴゃいっ
ゲコ
ゲコ
全然ダメじゃ～ん
ぜへ～～
ぜ～～
あ……
あれぇ……？
おかしいなぁ……
どうやら橋の板が腐っているから渡るのが禁止だったようですね
しかし
とんちというのはなかなか使えそうな気がしますね
実はさきほど
和尚さまの大切な水飴を全部なめてしまって
どう言いわけしようか悩んでいたのですが
おかげさまでいい考えが浮かびそうですよ♪
そんなこんなでしばらく歩いて……
さあ
着きましたよ
わあ～！

ピッカ〜〜ン
ま……まぶしすぎる〜!!
キラッキラの金ピカ金だぁ〜♥
きらびやか〜〜♥
義満さまは将軍職を息子さんにお譲りになりましたが
あいかわらずこちらで政治をなさっているのですよ
……でもなんか金ピカ派手派手で悪趣味だなぁ
ボクはもっとシブいのが好きだなァ…
明のエライ方々が来られた時もたいへんびっくりされたそうですよ
それではわたしはこれにてお寺に戻らねばなりませんので
周建くんありがとーまたね!
はいいずれまたお会いしましょう

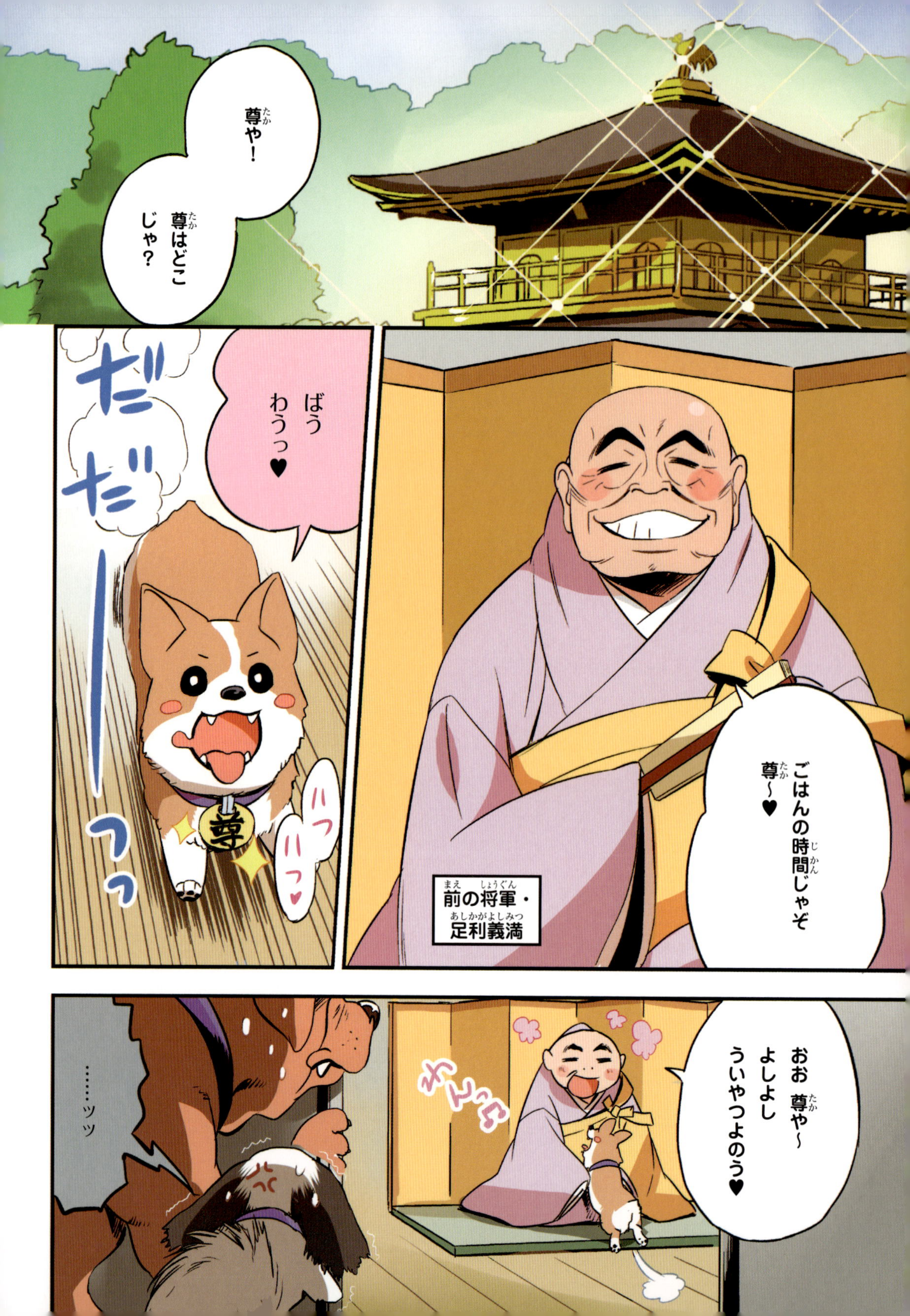
尊や!
尊はどこじゃ?
ごはんの時間じゃぞ尊〜♥
前の将軍・足利義満
ばうわうっっ♥
だだだーっっ
ハッハッ
おお 尊や〜
よしよし
ういやつよのう♥
わんっ♫
……ッッ

ゴゴ
ぐるるる〜っ
(キィィィーーッ
義満さまにあんなにかわいがられてぇぇ!!)
ゴゴゴゴ
義満の飼い犬・有情
同じく・無情
ぐる〜っ
(ちょっと珍しい犬種だからって
新米のくせになまいきだわサ!!)
ゴ
ばっばっ…
ばうっ
ちょっと
かわいがって
やろうワン
有情!
あいつのごはんに
オナラをぶっかけて
やるワン!!
毒ガス攻撃
だワン!
ぶばぁあ
バスゥ〜〜
プー〜〜
ブボォ
ヒィィ
ギョエーー!!
これはキツイ!
犬の鼻には強烈ワン〜〜ッ!!!
まさに
最臭兵器だ
ワーンッ!
もわぁあ〜〜ん
ほーれ ごはん
じゃぞ 尊〜♥
ばうっ
ばう〜
(ふひょひょひょ…ッ
必殺の毒ガスごはんを
食べて のたうちまわるが
いい♫)
くくく…

ほれ 有情・無情も 一緒に食べよ♥
わおん ……!?
ぱくっ
キャ…… キャンキャン ぎゃわわん……っ
む? 余の ごはんが 食えんと申すか!? なまいきな ヤツめ さあ食え!
ぎゃわわ〜ッ (いやぁぁ〜)
むむっ!? どうした無情?
わおおおおおおんッッ (無情〜〜ッッ)
びくん
びくん
!? 犬の声……!?
……あ

だれ？
踊（おど）ってる〜
！
世阿弥（ぜあみ）
おや？どうかしましたか？
えっ!?いえそのあの〜

おお！世阿弥（ぜあみ）ではないか！
よう来（き）たのう！

ごぶさたしております義満さま♥
ん？なんじゃ その子どもらは？
こんにちは～♥あ わたしエマ！
わんわんっ♥
あっ！
た…Taka～～!!!
ばわぅ～♥
……ふぅむ なるほど お主が尊の飼い主だと申すのだな
は はい そんなわけなんで返してください……
それは──
ヤじゃッッ!!!
ええー!?

その犬は余に贈られたモノじゃだから余のモノじゃ!
ああっ
ほれ 余の与えた立派な首輪もつけておろう
なんか金ピカな首輪になってる～!?
あああ……派手ピカで趣味悪いなあ……
んなっ!? なんじゃと!!
まあ 余も鬼ではない条件つきでならくれてやらんこともない
条件?
この世阿弥は余がひいきにしておる猿楽の天才役者じゃ
こやつ以上の芸で余を楽しませることができれば犬を連れて帰るがよかろう
え……ええ～!?
そ そんなあ……
さるがくってなに?
ものまねや踊りお面をつけて芝居をする芸能だよ
義満さまのご支援を得て父の観阿弥と私が能という芸術へと高めたんだ

ふ～ん
お猿のものまねと
おもしろダンスで
笑わせればいいのか！
まかせて
ヨ～♥
エマ
ものまね
とくい～♥
お猿は違うん
じゃ……
ばうっ
（う 有情
聞いたか!?）
ばうっ
（あの子らが
勝てば邪魔者が
消える！）
ばうっ
（あちきたちも
協力するワン!!）
ば ばうっ
チンシャン
ポンポコ
ウッキ
ウキッ
!?

ブル ブル ブル
ブル ブル ブル
……
……ッ
ププ……ッ
ぎゃハハハハ
ま まいった……！
余らの負けじゃぁぁ！
バカウケ～
ケラケラヒー～～
も もうやめて
おなかこわれちゃう
～ッッ
さぁ 帰ろう！
わんっ♥
お おい
待て待て
せっかく来たのだ
そう急いで
帰ることもなかろう
見事な芸を
見せてくれた礼に
この建物の中を
案内してやろう
ていうか
自慢させろ♪
は はい
……
わーい♥
エマ「お宅拝見」
大好き～！

まずは1階
ここは公家の住まいの
様式じゃ
池に張り出した
「釣殿」からは
舟遊びや釣りなども
できるんじゃ
ええじゃろ!
この階は金ピカ
じゃないんですね……
そのほうが
かえって派手に
見えるじゃろ?
2階は金ピカ!
武士の館の
つくりになっておる
ここからも
庭の池を楽しめるし
2部屋あるうちの
ひとつには
観音像と四天王像が
まつってあるのじゃ
3階も金ピカ!
禅寺のような
つくりじゃ!
窓が
オシャレじゃろ?
わー♥
この階は
中まで
金ピカだぁ

このように　ここは
公家・武士・仏教の文化が
ひとつになっておるのじゃ！
これすなわち
余が公家・武士・仏教
すべての頂点に立つ者であると
世に知らしめるため！
この金ピカは
豊かな経済力のあかしっ！
3階
仏教
2階
武士
1階
公家
表向き
将軍の職は
息子・義持に譲ったが
日本の真の支配者は
将軍でも天皇でもなく
金・文化・権力……
全てを手にした
この……
「日本国王」
足利義満
なのじゃあああああッ!!!
どうじゃ？
すごいじゃろ
すごいじゃろ～♥
は……
はい……
じーー
このあとも
えんえんと
自慢話を
聞かされました

豪華絢爛、義満の時代の文化

①「北山文化」と金閣

室町幕府は武士による政権ですが、政治の場は公家の文化の中心だった京にありました。そのため、室町時代の文化は、武士や公家、さらには仏教や明（中国）の文化がミックスされたものになりました。とくに3代将軍の足利義満の頃に盛んだったのが、きらびやかで自由さが魅力な「北山文化」です。義満が京の北山につくった出家後の住まい「北山殿」にちなんでそう呼ばれています。

エマの大好きな金ピカだ～!!

金閣の構造
3階 仏教の文化
2階 武士の文化
1階 公家の文化

北山文化を代表する建物は、何といっても鹿苑寺の金閣（通称・金閣寺）です。金閣はもともと北山殿の中に舎利殿（お釈迦さまの遺骨を安置する建物）として建てられました。また、明からの使節を迎える迎賓館の役割もあったようです。

義満の死後、北山殿の建物の多くは息子の4代将軍・義持によって取り壊されましたが、金閣は残りました。ところが1950（昭和25）年、住み込みの学生僧の放火によって全焼してしまったのです。現在の金閣は、その後再建されたものです。

焼失した金閣は1955（昭和30）年に再建され、1987（昭和62）年には金箔が貼り替えられて、義満の時代の輝きを取り戻した

写真：朝日新聞社

②義満に愛された世阿弥と「能」

北山文化を代表する芸能に「能（猿楽）」があります。当時の能の一座（劇団）の中でも、観阿弥と世阿弥の親子が率いる「観世座」は、時の権力者・義満に世阿弥が気に入られて、全面的なバックアップを受けたことで、大きく成長しました。彼らは、庶民の娯楽だった猿楽を芸術性の高い演劇へと高めていき、やがて教養のある貴族たちをもとりこにしました。

観阿弥、世阿弥が築き上げた能は現代へ受け継がれ、日本を代表する伝統芸能として人々に愛されています。

3代将軍・義満さまにはひいきにされましたがその後の将軍さまには嫌われて島流しにあっちゃいました

世阿弥（1363～1443年）
室町時代の「能（猿楽）役者」。「能」の世界を深める改革を行い「夢幻能」を完成。ほかにも、能の秘伝書『風姿花伝』を残した

もの知りコラム

世阿弥が完成させた「夢幻能」とは？

能は、明治時代以前は猿楽とも呼ばれていました。大和国（奈良県）の社寺の祭礼で行われていた神事（大和猿楽）が、やがて庶民の楽しみとして発展し、観阿弥と世阿弥が、芸術的な演劇として完成させました。

◆◆◆

世阿弥はたぐいまれな美しさを誇る人気役者だったそうですが、芸をおろそかにせず、「夢幻能」と呼ばれる能の形式を完成させました。夢幻能は、旅の僧などがとある土地を訪れると、その土地にゆかりのある幽霊が現れて昔を回想するという、時空を超えた物語です。

能面「般若」
能は面をつけて演じられる仮面劇。「般若」は、うらみなどがつのって蛇に変身した女性を演じるときにつける面

三井記念美術館蔵

実はわし
後小松天皇の
子だったという
説もあるんじゃ！

6章 あ、あの周建くんが…？

みんな元気でお金持ち！
遊ぶの大好き！
金ピカ大好き！
室町時代って面白いね♥
鎌倉時代は戦ってばかりだったもんね……
でもやっぱり自分の時代がいいよ……
Takaは取り戻せたけどバスがなきゃ帰れないよどうしよう……
わんわわん！
!?
あっ!? こら！Taka！どこ行くの？
だっ
わんわん！
も〜勝手に動きまわるなよ〜
ああっ!?

そういえば
……
次ハ
キンカク～
キンカク～
さっきの金ピカ
金閣って建物
だったんだ！
い犬バス
だあ!!
○×観光
グッジョブだ
Taka！
これで
帰れる～♥
えー
もう帰るの～？
もっと遊んで
いこーよ
嫌だよ！
なんでそんなに
肝がすわってるのさ!?

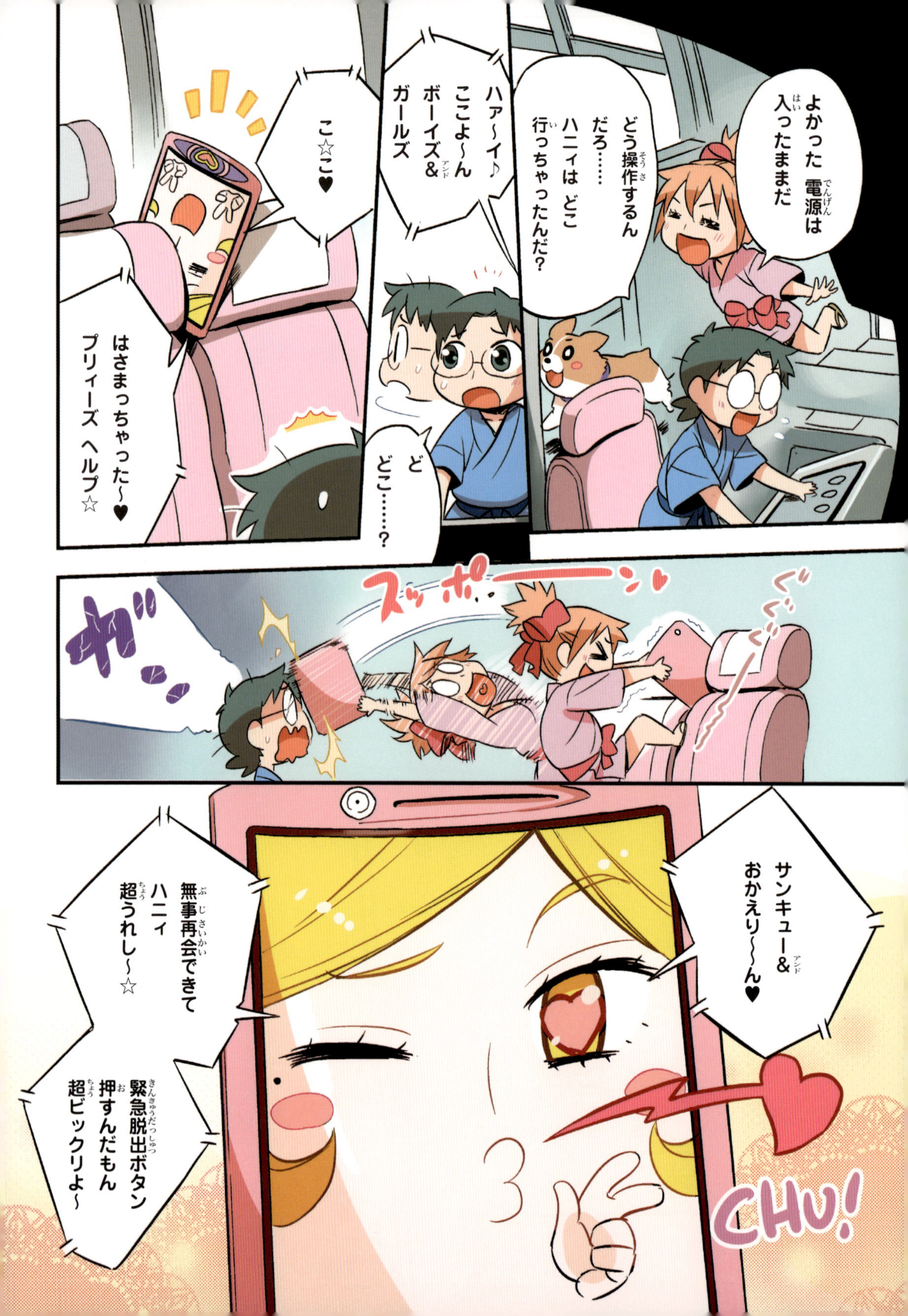
よかった 電源は入ったままだ
どう操作するんだろ……
ハニィは どこ行っちゃったんだ？
ハァ～イ♪
ここよ～ん ボーイズ&ガールズ
こ☆こ♥
ど どこ……？
はさまっちゃった～♥ プリィーズ ヘルプ☆
ガッ
スッポーーーン♥
ぐぐぐ
サンキュー&おかえり～ん♥
無事再会できて ハニィ超うれし～☆
緊急脱出ボタン押すんだもん 超ビックリよ～
CHU!

元の時代に戻りたいのね
オッケ〜イ♥
じゃあ 乗る時
身につけていたモノを
何か出してン♣
ワンちゃんが
においをたどって
人や場所を探し当てたり
するじゃない？
クン クン
23××年のニオイだワン〜♥
へ？
モノ……？
23××年へゴーだワン〜♪
それと お・ん・な・じ！
このバスが元いた時代に戻るには
その時代のモノが必要なの♥
ど どうしよう
服はばさら組にあげちゃったし
首輪も義満さまに
つけかえられて
もうないよ…！
あー
ケンジの
メガネは？
！
それだっ！
ナイス エマ♥
う〜ん……
それひとつじゃ
厳しいかも
せめて2 3個は
欲しいわぁ
そ そんなぁ
これしかないんだよ
なんとかして……！
しょうがないわね……
一応やってみるけど
失敗しても
怒っちゃやーよん♠

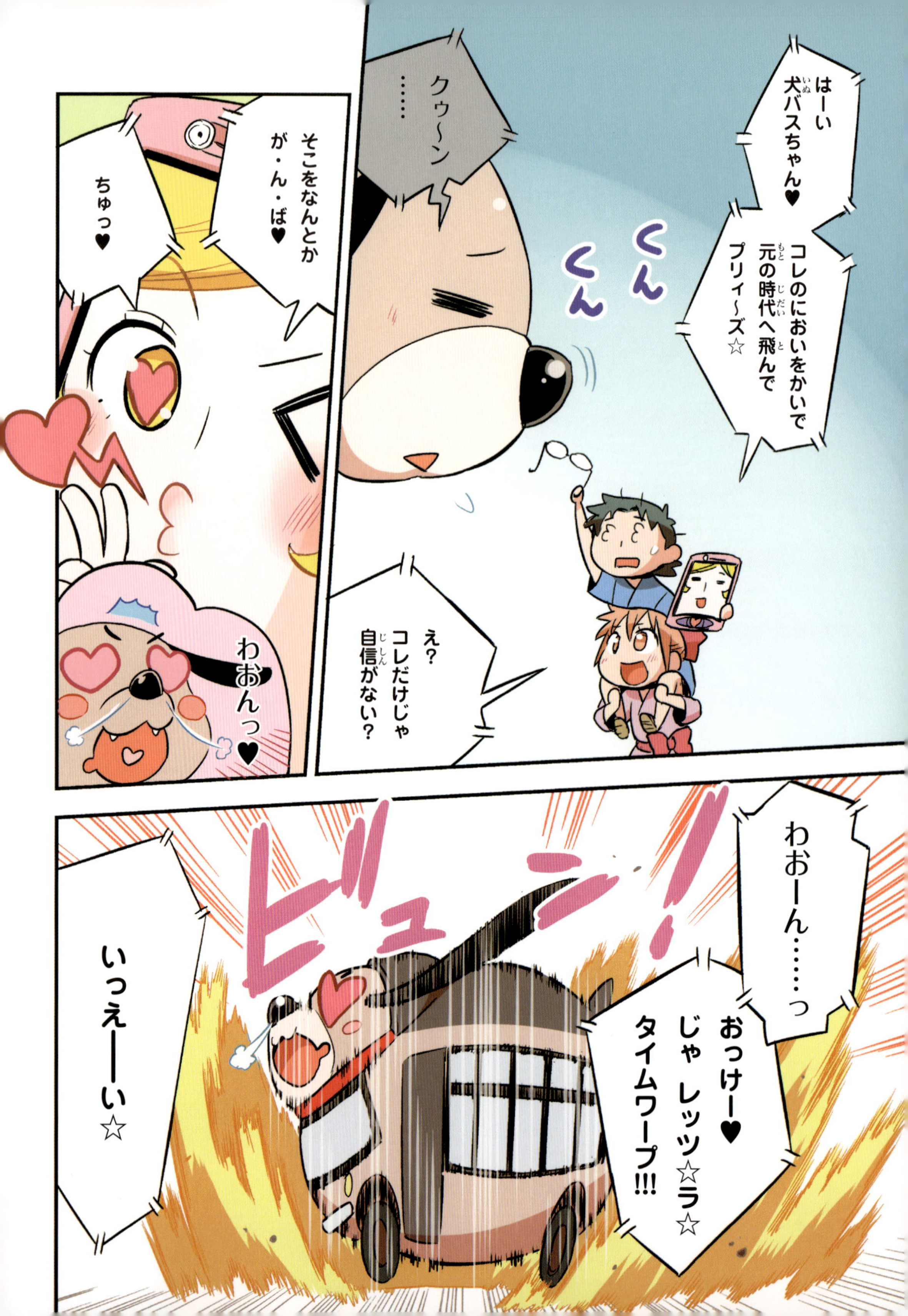
はーい
犬バスちゃん♥
コレのにおいをかいで
元の時代へ飛んで
プリィ～ズ☆
くん
くん
クゥ～ン
……
え？
コレだけじゃ
自信がない？
そこをなんとか
が・ん・ば♥
ちゅっ♥
わおんっ♥
わおーん……っ
おっけー♥
じゃ レッツ☆ラ☆
タイムワープ!!!
ビュン!
いってぇーーい☆

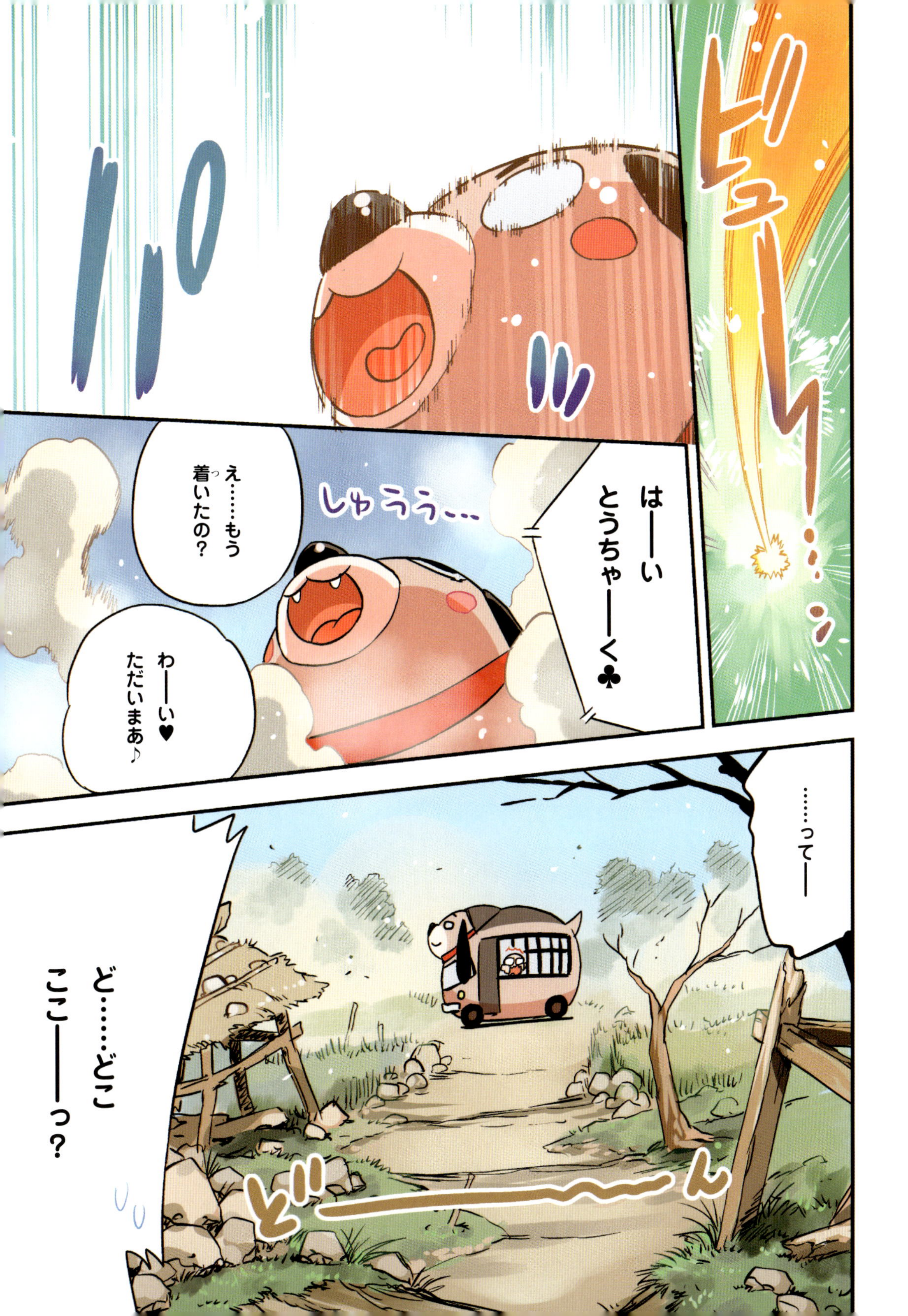
ビューーン……
パッ
はーーい
とうちゃーーく♣
しゅううう…
え……もう
着いたの？
わーーい
ただいまあ♪
……って──
ど……どこ
ここーーっ？
どーーーーん

ごっめーん☆
やっぱり
メガネだけじゃ
無理だった
みたい～♥
OH～
ソ～リ～♥
ここは
1477年の
京……の近くぅ?
みたいな～◆
さっきのおよそ
70年後ね♥
ええ――
!?
ちょっとしか
未来に飛べて
ないじゃんー!!
もうダメだ
ああ……っ
……あっ
ちょっと
待って♠
ワンコ
センサーに
反応が☆
ここからそう
遠くない場所に
元の時代のモノの反応が
2つあるわん♥
ピピピピ
ええっ!?
ひとつめは
京にある
みたいよ～☆
京ならきっと
金閣に残した
首輪だ!
よし! 行こう
エマTaka!

もう とっくに
行ってるわよん?
置いてかないで
〜〜ッ!?

ヒュゥゥゥゥ……

……な なんか
様子がおかしく
ない……?
田んぼも畑も
荒れ放題だし
川の水も枯れてる
……
あ!
お家があるよ!
ごめん
ください〜……

ここ……食べ物の倉庫——かな……?
でも 何もないね～
……な なんか ひどく 荒らされてる ような……
ジャリ
動くなッ!
びくうっ
ひいいっ!?

……ちっ
ガキじゃねーか
……
げっそり～…
金目のモノは持ってなさそうだな……
ぐぅぅぅ～～…
むっ!?
い犬だ!!
丸々太ってうまそうな犬だぜ!
ビクッ
!?
おいガキそいつをよこしな!
肉が食えるのは何カ月ぶりだ
――♥
た……たたたた食べる!?Takaを!?
クーンクーン
ダッ
ダメ!Takaは食べ物じゃないもん……!!
うるせえ!!
よこしやがれ――ッ!!
ひぃ――ッ

むわてえええいッ
!?
だ
だれだッ!?
とうっ!
ザ
ザッ
ガッ
あっ
おわあああーーッ
ゴロ
ゴロ
ゴロ
ドドーーッ

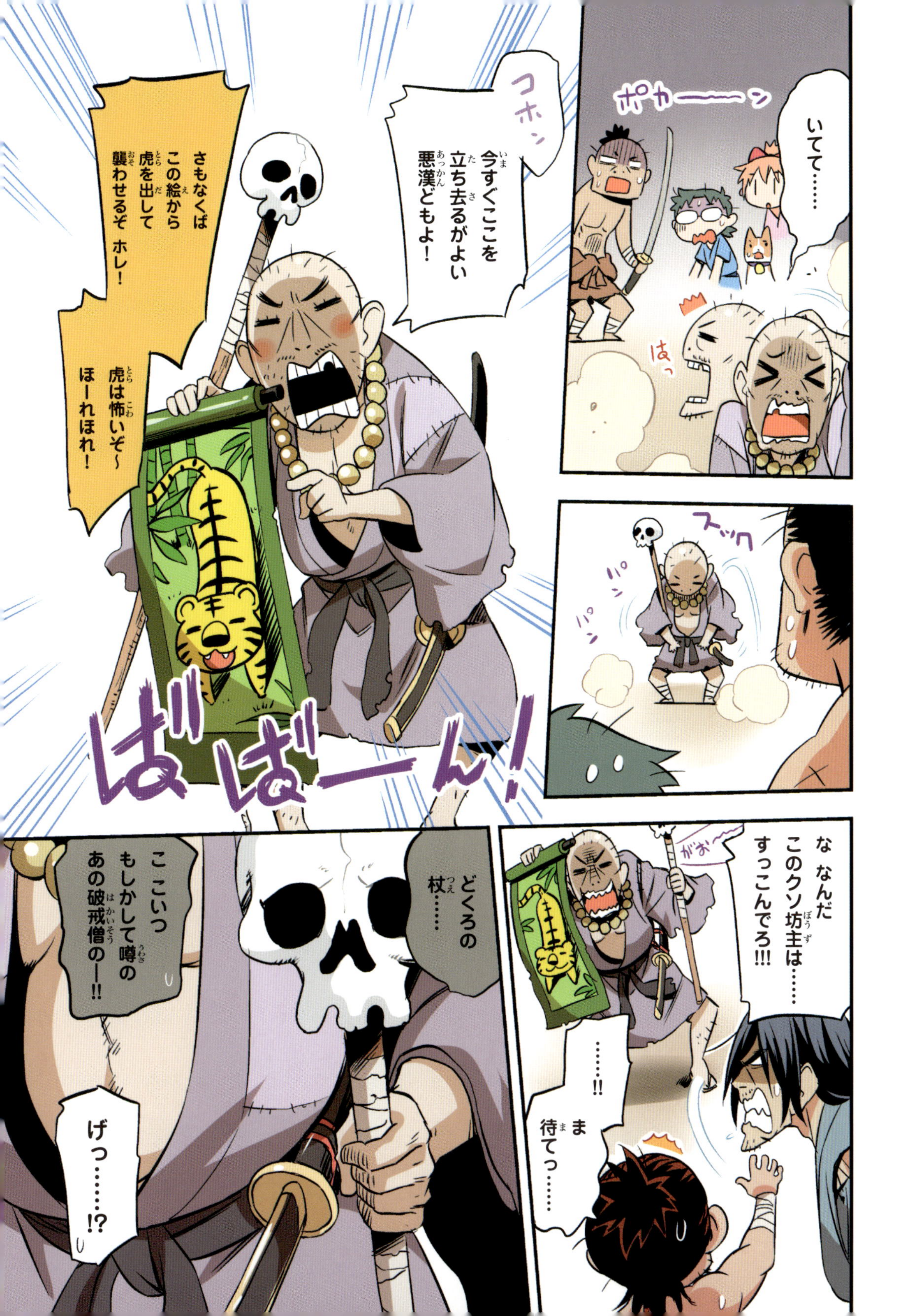
ポカ――――ン
いてて……
はっ
コホン
今すぐここを立ち去るがよい悪漢どもよ！
さもなくばこの絵から虎を出して襲わせるぞ ホレ！
虎は怖いぞ～ほーれほれ！
ばばーん！
スック
パン
パン
ななんだこのクソ坊主は……すっこんでろ!!!
がお～
……!!
まま待てっ……
どくろの杖……
ここいつもしかして噂のあの破戒僧の―!!
げっ……!?

コイツだけにはかかわるなぁ～！
ち ちきしょーっ 覚えてやがれ～！
ぴゃ～～っ
めんどくさいから嫌じゃ♥
ニカァ～～～♥
びびくぅっ
くるっ
びくっ
あぶないところじゃったのケンジ エマ
は はい ありがとうございます……
!?
しかし ふたりとも70年前とちっとも変わっとらんのう 一発でわかったわい
……って なんでボクらのことを……!?

ぬふふ
お主から教わった
とんち 今も
たいへん役に立って
おるぞい
……へ？
はっ
……
あっ!?
も……
もしかして
周建くーん!?
ご名答！
いかにも
昔 お主らを
金閣に案内した
小坊主じゃ！
がびーーン
あのあと
違う名前を
名乗っておってな
聞いて
驚け？
今の名は
一休ッ！
超★破戒僧の
一休じゃ♫
ドボーム！
ええ〜〜!?

京を焼きつくした応仁の乱

① 原因はたくさんの内輪もめ

応仁の乱は、京を中心に、1467（応仁1）年から1477（文明9）年の11年も続きました。その元号から、「応仁・文明の乱」とも呼ばれます。

原因の1つは、8代将軍・足利義政の弟である義視と、義政の息子である義尚による、9代将軍の座をめぐる争いでしたが、それだけではありませんでした。

当時、室町幕府の有力な守護大名である畠山氏と斯波氏も、それぞれ一族のリーダーの座をめぐって内輪もめをしていました。そして、それぞれが、幕府の実権をめぐって争っていたふたりの実力者、細川勝元と山名宗全（持豊）を頼ったのです。

やがて戦が始まると、多くの守護大名が、細川勝元率いる東軍か山名宗全率いる西軍に分かれて戦いました。

内輪もめで戦が
起きるなんて
周りの人は
大迷惑だよ〜

昨日の敵は今日の友？ 複雑怪奇な応仁の乱

応仁の乱が起きた当初、義視は兄・義政とともに東軍側につき、義尚とその母・日野富子は西軍側でした。ところが、乱が起きた翌年に義視は義政と仲たがいして西軍側についてしまいます。すると、義尚と富子は東軍側に。

応仁の乱はこのように敵味方が入れ替わり、しまいにはだれが何のために戦っているのかわからなくなるほど、複雑怪奇でした。

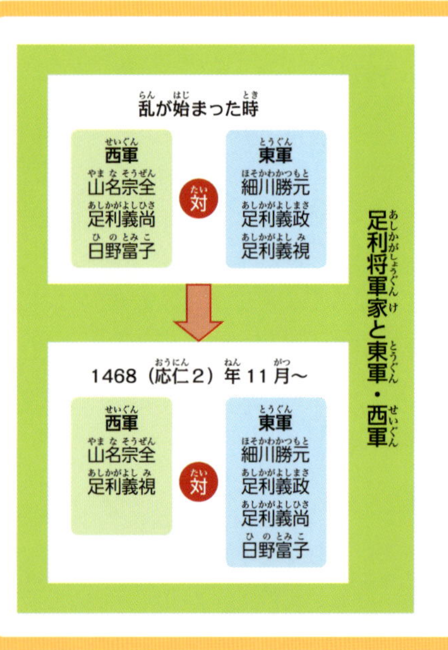

もの知りコラム

新戦力「足軽」登場！

応仁の乱の頃、「足軽」という新しいタイプの兵士が登場しました。彼らは身軽な装備の歩兵で、集団による奇襲や待ち伏せといったゲリラ戦術を得意として、それまでの合戦のやり方を一変させました。

◆　◆　◆

足軽のほとんどは、京の周辺で雇われた農民や、身分の低い武士です。足軽は戦国時代になると、戦の主力として活躍するようになりました。

破壊活動を行う足軽たち。右下の武将と比べると動きやすい身軽な装備をしている
足軽による破壊活動を止めにきた武将

建物を壊す足軽
敵と戦うだけでなく、建物を破壊したり、物を奪ったりするなど、町の人々を困らせることもした
「真如堂縁起」から　真正極楽寺蔵

②応仁の乱の結末

応仁の乱は、東軍16万人、西軍11万人が戦う大規模な戦争だったといいます。

始まって6年後の1473（文明5）年に、リーダーである西軍の山名宗全と東軍の細川勝元が相次いで亡くなってしまいますが、それでも戦いが終わることはありませんでした。しかも戦いは京だけでなく地方にも広がっていきました。

結局、戦いは勝敗が決まることなく11年も続き、京の町の大半が燃えてしまいました。また、京での戦いが終わった後も、地方での戦いは収まることがありませんでした。

すでに幕府の権威は落ち目だったけど応仁の乱のせいでこれ以上ないほど落ちちゃったのよん♡

7章
なぜ京が
焼け野原に？
傀儡という人形劇は室町時代に大人気だったんじゃ！
わー一休だぁ♬
わーーー♥
一休が来たぞ～
一休だ～♥
一休～♥
おにぎりちょーだい一休～
一休とんちやって～♥
わい
わい
わーったわーったちゃんと並べチビども～
一休くそ～い
びええーーー～
ごりゃそこッ妹をいじめるでないわ クソガキ!!
わー一休が怒った怒ったぁ～♪
キャハハ
食われる～
逃げろ～～
妙に人気あるなぁ……
おお待て待てクソチビ
コレをおっ母に持ってけ！
なにこれ？
薬じゃい飲ませてやるがよい
ありがとーまたね一休～

ゴキュ
ゴキュ
ぶっはーっっ
うめえええッ♫
酒は最高じゃのう〜♥
おまえたちも
飲め飲め♪
未成年に
お酒をすすめないで
ください……
うっ
お酒くさい
……
お主らには
もう一度会える予感が
しておったが
子どものままとは
驚いたぞい
ガハハ
げふーー
ボリボリボリリ…
あの上品で
かわいらしかった
周建くんが…… この
変わりようのほうが
びっくりだよ
しかし 応仁の乱でも
命を落とさず
無事だったとは
大したもんじゃい
鬼のRun?
?
鬼が走るの？
RUN!
ええ……？
応仁の乱を
知らないのか
いったいどこで
暮らしとったんじゃ……

ぱっかーーん!
応仁の乱というのは京が東と西に分かれて11年も争った大騒乱じゃ
京が2つに分かれたの……?
京
京
いやいや分かれたのは京の権力……
つまり室町幕府が2つの陣営に分かれて戦を繰り広げたんじゃ
よっしゃ では この一休が傀儡でわかりやすく教えてやろう
ひょい
くぐつ?
人形劇……かな?

乱の始まりは8代将軍・足利義政と妻の日野富子じゃ
ぼくヨシマサ♥
わらわはトミコ!
この義政がとんだダメ将軍での～
あー
将軍職とかしんどいしめんどくさいし余には向いてないや～
とっととやめて遊んで暮らしたいなぁ……
そうだ!弟に押しつけてしまおう♥
幸い余には跡継ぎもいないし♪
ピコーン!
さっさと隠居して趣味ざんまいの第二の人生を楽しむぞ～
というわけであとはよろしく義視
ガビーン
ええー!?
足利義視
しょしょうがないなぁ
はーやれやれ…
ボク出家*してるのになァ…
ところが――
*出家＝僧になること

あなた～!! 男の子が生まれたわ♥
私たちの子よ!! 跡継ぎよ～♫
足利義尚
ええ……!? あ 跡継ぎは私ってことになったんだけど……
それはなし! この子が次の将軍だから♠
そ そんな! 将軍になるために還俗*したのに今さら僧には戻れないって……!!
*還俗＝僧から一般の人に戻ること
兄上! なんとか言ってやってくださいよ～
もちろん私たちの息子が跡継ぎよね あーたッ!?
んぁあ…!?
え……ええ～ こ 困ったなぁ ……
どっちを選んでも恨まれそう…… めんどくさいことになったなぁ……
ふ ふたりで話し合ってちょーだい……!
じゃっ♥
ああっ!?
に 逃げたぁぁ～～!?
ぴゅ～っ

＊管領＝室町幕府の将軍の補佐役

話は聞きましたぞ義視さま！我が細川家がお助けしますぞ
戦で富子どのを黙らせてやりましょう……！
管領家 細川勝元
おのれ細川め……義視さまを将軍にし幕府のナンバー2になるつもりだな！
そうはいくか！
幕府の実力者 山名宗全（持豊）
VS
富子さまの息子・義尚さまを勝たせれば我が山名家が幕府ナンバー2じゃああ！

わしらは細川さまの東軍につくぞ!!
VS
その他守護大名のみなさんなど
VS
じゃあこっちは山名さまの西軍に!!

こうして将軍の後継者争いにさまざまな有力者が乗っかったりまざりあったり……
東軍
西軍
京は東軍・西軍の2つに分裂して11年にもおよぶ大争乱が始まったのよ
おかげで 京の大半が焼き尽くされてしまったわい
庶民の家から貴族の屋敷神社仏閣から貴重な書物までしっちゃかめっちゃかよ……

うわぁ ひどいなぁ……
で どっちが 勝ったの？
それがお笑いでな～
あまりに長く続いたうえに 勢力争いがどんどん複雑に なっていき――
あれ？ おまえら 敵だっけ？ 味方だっけ……？
こっちが 聞きてえよ……
わしら何で 戦ってたん じゃっけ……？
さぁ……？ 長すぎて 忘れちったい♥
ゼー
ゼへ～
やがて だれが敵か味方か なんのために戦っているのか わからなくなり……
しまいにゃ みんな嫌になって バラバラに
はー
やれやれ…
アホらし 帰ろ帰ろ
アホー
アホー
あー 疲れた 故郷が恋しい
まいったネ こらぁ…
なんとな～く 義尚さまが将軍 ちゅうことになり グダグダのまま 応仁の乱は終わったのさ

この騒乱で
国はボロボロ
さらに日照りや
水害　風害などで
大ききんやはやり病が起こり
人がバタバタと死んだ
富める者と
貧しい者との
差は広がる
ばかり――

力を失った幕府は
みなが苦しんでおるのに
何もせず
義政は相変わらず
遊んでばかり……
民衆を救うべき僧侶も
金や地位ほしさに
権力とベッタリ
腐ってしもうとる
アホばかりよ
ッ!!!
ブン!
ぎゃあっ!?
あ　あぶない
……っ!!
まったく
どいつも
こいつも
これは竹光じゃ
刃を竹で
こさえた
ニセモノよ
へ?

わしゃ この竹光のように格好だけで中身のない世の僧侶や権力者を笑ってやっとるんじゃい
サヤにおさまっとればりっぱに見えるが中身はオモチャよ
そして がっかりもしたんじゃ だから外見も権威も捨て民衆と一緒にいることにしたんじゃい
それで そんなふうになっちゃったのか……
そんなふうてなんじゃ！
でも 京がそんなんじゃ困ったなぁ
将軍さまがいるところにTakaの首輪があると思うんだけど……
なんじゃ 将軍のところへ行くのか？
一緒に行ってやりたいがわしゃ京が大っキライでな……
よっしゃ！ いざという時に役立つとんちの奥義を授けよう
わーい！ 奥義～♥
気をつけて行けよ～
いかなる時も頭を使うのを忘れるでないぞ～
うん！ 頭突きでやっつけてやるよ～♥
いや そういう意味じゃないから……

と……遠いよ
京……
もう
歩けない～
ケンジは
体力ないなぁ
～……
わんわんっ！
どうした
Taka～？
わん
わんっ♥
……
あっ!?
牛の車だ！

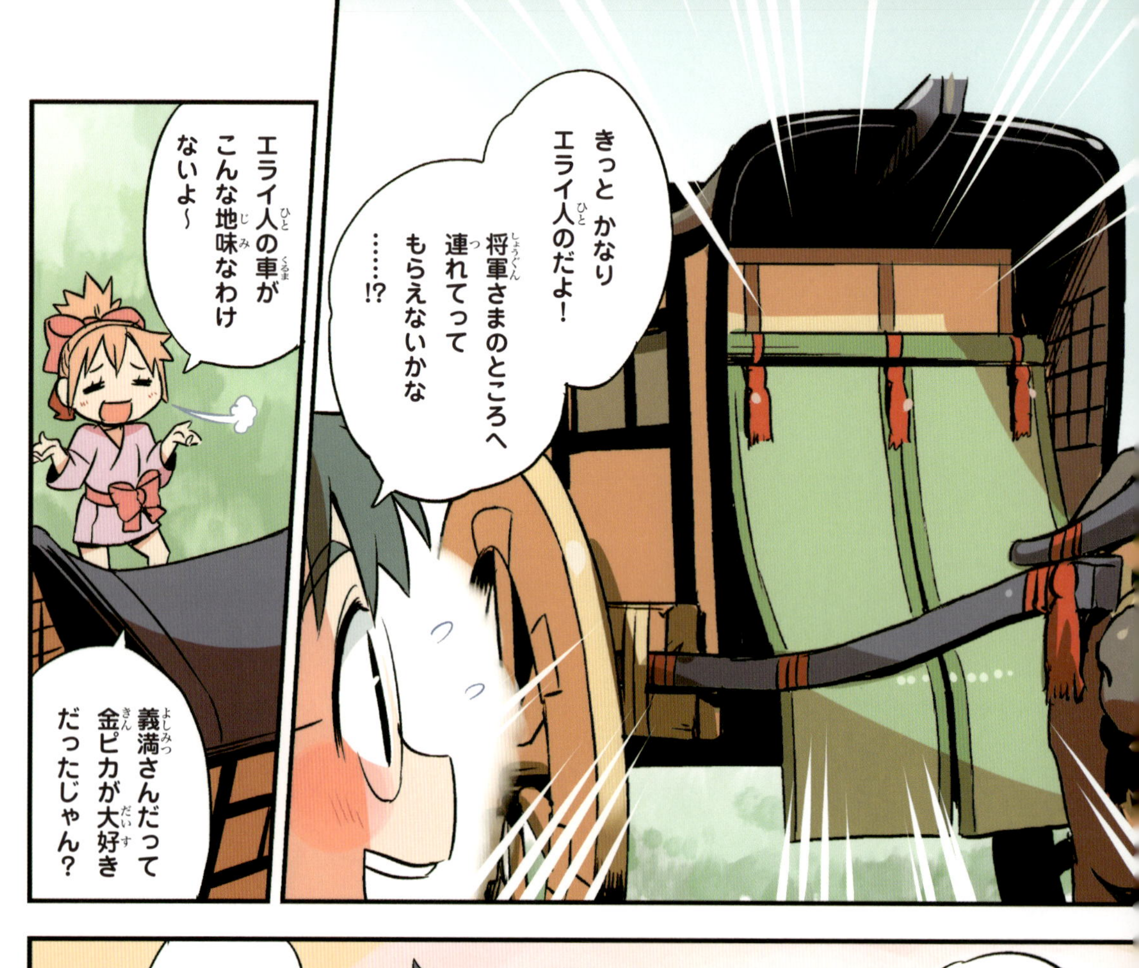
きっと かなり
エライ人のだよ!
将軍さまのところへ
連れてって
もらえないかな
……!?
エライ人の車が
こんな地味なわけ
ないよ～
義満さんだって
金ピカが大好き
だったじゃん?

金ピカより
こっちのほうが
かっこいいよ～♥
えー?
色も暗いし
地味すぎ
じゃ～ん……
そこがイインだよ!!!
何でエマには
わからないかなー?

へえ このよさが わかるのか……!?
びくっ
しかもその年で どうやら「わびさび」が 理解できているとは
感心 感心……

え～っと…… だれですか?
ふふ…… 余?
余は義政――
もうやめたが 8代将軍だった 足利義政だよ
え……? ええ――っ!?
前の将軍・足利義政

風流将軍・足利義政のわびさび文化

① 政治家としてはダメ

足利幕府8代将軍・足利義政は14歳で将軍になりました。最初は前向きに政治に取り組んでいましたが、有力な守護大名や、妻・富子の実家である日野家がやかましく口を出すので、だんだんと政治への情熱を失っていきました。

応仁の乱を引き起こし、長引かせた原因の1つも義政にありました。義政は、弟・義視と息子・義尚による将軍の跡継ぎ争いが起きた時、何も決めませんでした。そして、趣味の世界に没頭し、ついには将軍の住まいである室町殿からも出ていってしまいました。

足利義政（1436～1490年）
風流将軍と呼ばれた「東山文化」の立役者

東京大学史料編纂所所蔵模写

② 「東山文化」を開花させた文化人

政治家としての評価は低い義政ですが、文化人としては優れていました。彼の時代、「東山文化」と呼ばれる文化が花開きました。

東山文化は、質素を重んじる禅に影響を受けています。そして「わびさび」と表現される、飾り気がな

障子
掛け軸
違い棚
床の間
日本間のもと・書院造
たたみ

東山文化の「わびさび」の美意識は、生け花や茶の湯、水墨画、書院造などを通して、現代につながっている

写真：PIXTA

くシンプルな雰囲気や美意識を大切にしています。慈照寺の銀閣（通称・銀閣寺）は、もとは義政が自分のために京の東山につくった住まい「東山殿」に建てられた「観音殿」で、東山文化が詰まった建物です。また、東山文化には、庭園や書院造、生け花、水墨画のように、現在の「和」のイメージのもととなったものがたくさんあります。

馬蝗絆
義政が愛した南宋（中国）の器。鉄のかすがいでヒビを修理した
Image:TNM Image Archives
東京国立博物館蔵

質素な銀閣も
雪舟の水墨画も
ボクのセンスに
ばっちりだ！

日本独自の水墨画を完成させた画家・雪舟

「東山文化」を代表する水墨画家が雪舟です。水墨画は、墨の濃淡を生かして筆で描く絵のことで、8世紀頃、唐の時代の中国で生まれました。雪舟は絵の先生を求めて、水墨画の本場である明（中国）で勉強をし、帰国後は守護大名の大内氏の支援のもと、日本の風景をたくさん描きました。「天橋立図」「四季山水図」をはじめ、現在、雪舟の作品は6件が国宝に指定されていて、これは個人としては最多です。

雪舟（1420～1506？年）
子どもの頃に出家。水墨画を学びに40代で明（中国）に渡る。帰国後は、旅を続けながら絵を描き続けた
東京大学史料編纂所所蔵模写

「天橋立図」
雪舟の代表作の1つ。墨の濃淡（ぼかし）だけで、京の天橋立（日本三景の1つ）を描いている
京都国立博物館蔵

8章 首輪を捜しに銀閣へ

ほら 京に入ったよ

わ～ お家をいっぱい建ててる～
応仁の乱で壊されたのを再建中なんだよ

まだだいぶかかりそうだね……
ゴト
ゴト

さぁ どうなんだろうねぇ?
そういう面倒なことは奥さんと息子にまかせっきりだからよくわからないなぁ♪

こんなんでTakaの首輪残ってるのかなぁ……
ねー ケンジ?

ゲラ
うっぷ……
車に酔った
……
うえええええ
えれれれ〜〜〜〜
……牛車って
こんなに揺れる
んだ……
ガタ
ガタ
ゴト
ガタ
ガタ
ギッ

京の義政の屋敷

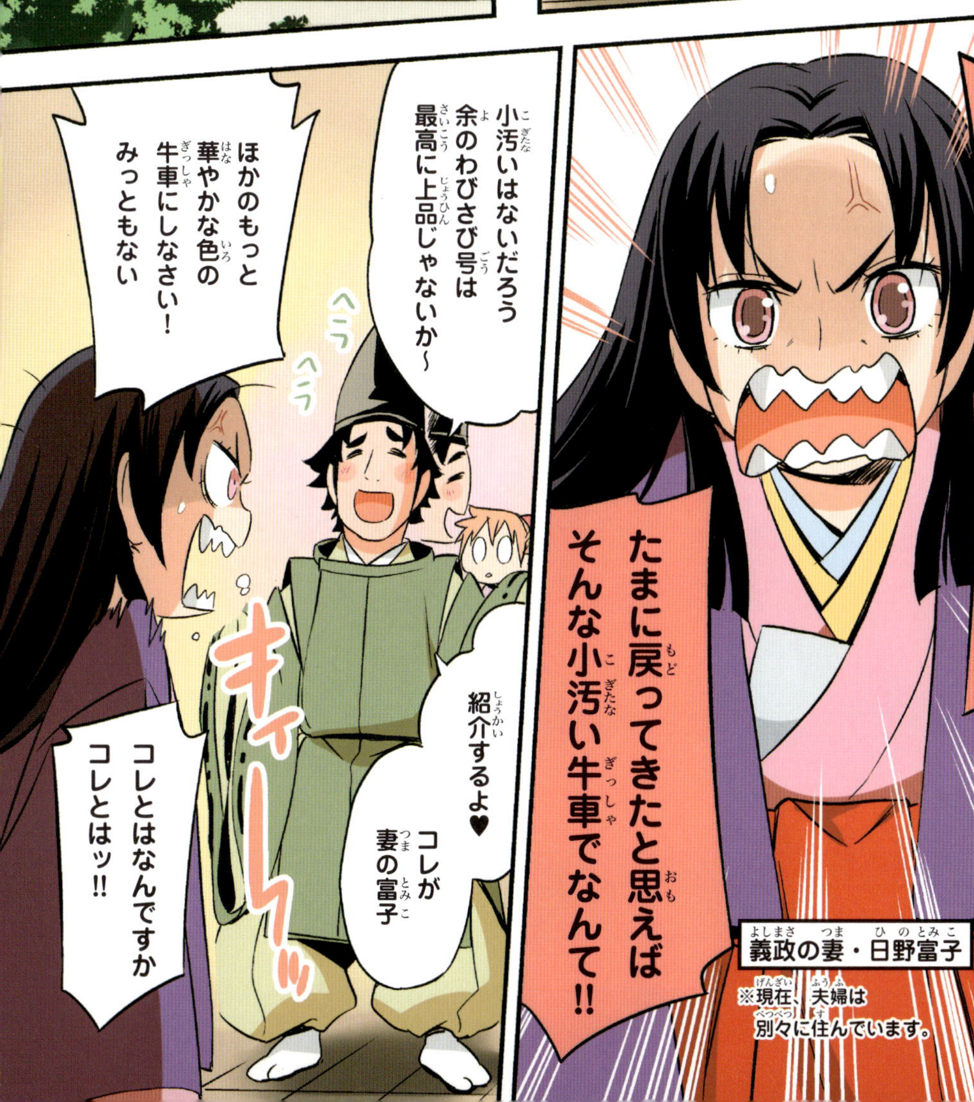
あ―――たッ
たまに戻ってきたと思えば
そんな小汚い牛車でなんて!!
義政の妻・日野富子
※現在、夫婦は
別々に住んでいます。
小汚いはないだろう
余のわびさび号は
最高に上品じゃないか〜
ほかのもっと
華やかな色の
牛車にしなさい!
みっともない
ヘラ
ヘラ
紹介するよ♥
コレが
妻の富子
キィーーッ
コレとはなんですか
コレとはッ!!

……って
何ですの
その子らは？
東山の余の住まいから
こちらに残してあった荷物を
取りにくる途中で会ってね
趣味が合うから
招待したのさ♥
は
はじめまして
ぼくケ…
こんにちは
わたし
エマ～♥
わんっ♥
東山？
ピクッ
ぎくっ
あーた まさか
またあそこに
余計なモノを建てる
つもり……？
ゴゴゴゴゴ
さ……ささ！
奥へ行こう
ふたりともッ！
そそくさ
？

やれやれ
……
富子は
うるさくて
いけないよ

今住んでいる東山という場所に余の理想の山荘を建てたいのだが
富子が金がない 金がないとうるさくてねえ
今ある建物だけでじゅうぶんでしょ!!
お金
キィーーーッ
美への理解がない人は嫌だねぇ～
山荘!? いいな～♥
金閣みたいな金ピカで派手なヤツでしょ?
金閣だって? とんでもない!
よし いいものを見せてあげよう♪
ゴソ
ゴソ
?
権力!!
見えっ張りなおじいさまの金閣は自分の権力を見せびらかすために派手派手だったけれど
こちらのは余が静かに暮らすための上品で落ち着いた建物になる予定さ♥
かくれが♥

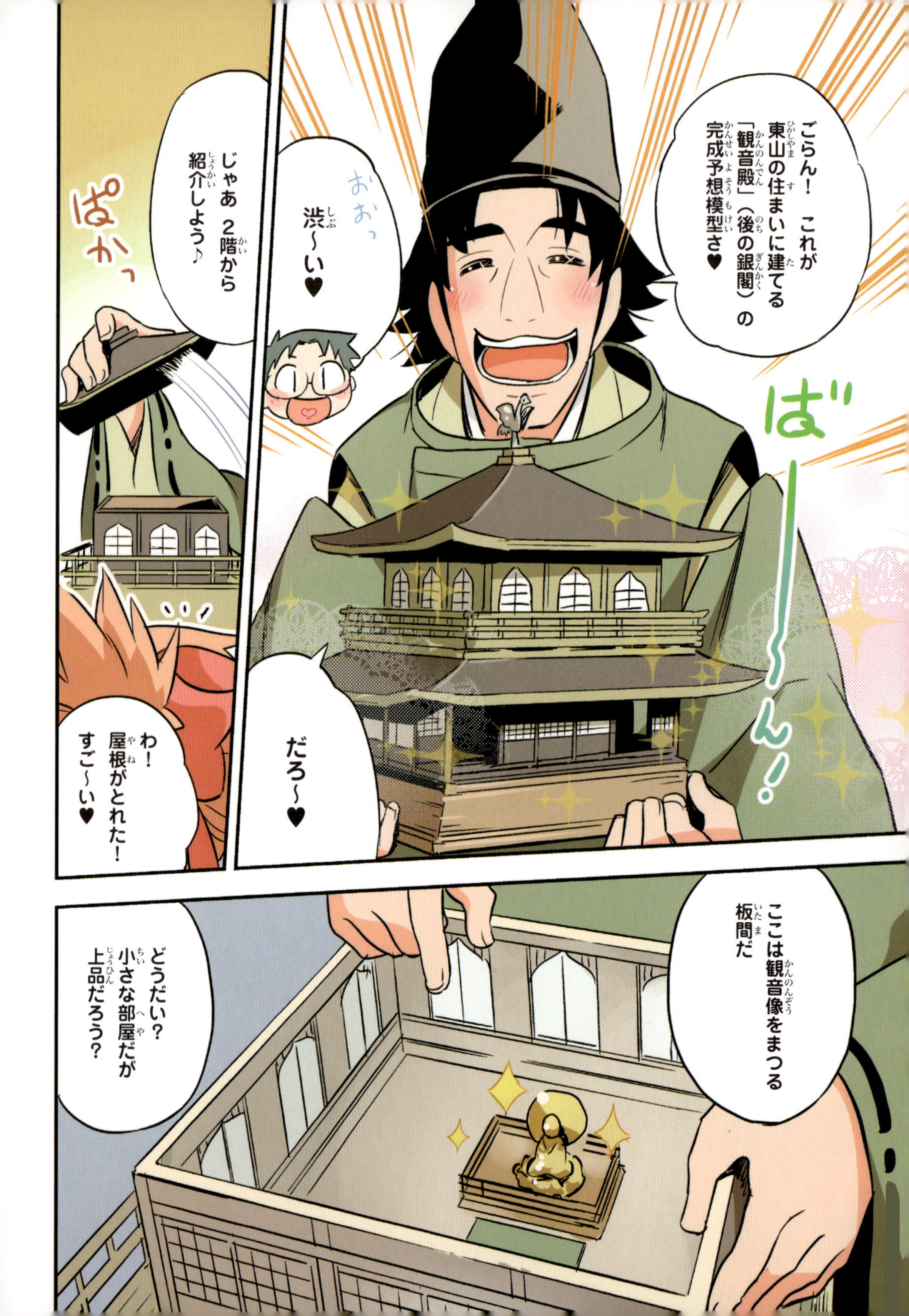
ごらん！ これが東山の住まいに建てる「観音殿」（後の銀閣）の完成予想模型さ♥
ばー〜ん！
おお、
渋～い♥
だろ～♥
じゃあ 2階から紹介しよう♪
ぱかっ
わ！屋根がとれた！すご～い♥
ここは観音像をまつる板間だ
どうだい？小さな部屋だが上品だろう？

1階はもっとすごいぞ♥「書院造」だ！
この部屋はたたみじきにし板張りの仏間と広い縁側もある
ねーねーしょいんってなぁに？
しょい――ん！
書院とは本を読み書きする部屋のことだ
これは同じく東山の住まいに建てる予定の仏堂の予想図だ
ここの書院造の塩梅は絶妙だろう♪
なんかおじいちゃんちの和室みたい……
和室の基本ってこの時代に生まれたのか……

ここに余が好む器や花水墨画などを飾ったらきっと素晴らしいぞ！
はぁ はぁ はぁ はぁ はぁ はぁ はぁ はぁ ハッ
水墨画は雪舟の作品で決まりだな！
そなたたちは雪舟を知っているか？
水墨画の本場明に渡って勉強し日本独自の水墨画を完成させた天才だよ！
……なんか建物も絵も超地味でつまんない……
義満さんの時代と正反対でネクラな感じ～
ガガーン
根暗……!?
やれやれ……これだから美意識のない者は困るよ……
このわびさびの素晴らしさがなぜわからぬ……
は～～
ボクわかりますッ
わびさびってなにさ～
わさび
エマワサビ嫌いだし～
バッ
よくぞ聞いてくれたッ♥
ワサビじゃないが！

これをごらん
これができた当時は それはもう すべてが新しく きれいだったことだろう
それが年月をかけて こうなるまでの 出来事を想像するんだ……
うっとり……
色あせや ほころび 直したあと……
はう……♥
余は いつまでも古びない 質素なものや 年月とともにモノが 枯れていくさまに 「美」を感じるのだ
そういう感覚を わびさび というのだ
余はおじいさまと 違い 政治は てんでダメであった
ダメ将軍として 名を残すだろう
しかし 余の残す この時代の 文化や美意識は
きっと 何百年経っても 日本人に愛される と思う……！
わびさび
生け花
石庭
茶の湯
障子
床の間

――というわけで余の自慢の品をもっと見ておくれ～♥
とっておきを見せてしんぜよう
ホラホラ♥
すごくな～い!?
この好みは逆でも自慢したがりなとこは義満さんにそっくりだなぁ……
この茶碗は300年以上昔に中国の皇帝から贈られた由緒正しい名器である!
この控えめで気品に満ちたたたずまいはどうだ♥
ただの地味な色の茶碗じゃん……
はーっ
あーもうッッ
その地味さが味わい深いのじゃ――ッ!
……エマわびさびわかんない……
……あっ!?
ケンジ!あれ!!
へ?
Taka

あったあぁ～!!
ばーん
Ta☆ka
ホケキョ♪
……なるほど 元々はそなたたちのモノで返してほしい……というわけか
しかしコレはわが将軍家代々の家宝だしこの枯れた感じは たいへん気に入ってるのだ……
そっ そこをなんとか……!!
う～む では生け花・水墨画・茶の湯の腕前を見せてもらおうか！
余を思い切りうならせるほどの文化人なら返してやらないこともない！
花！
絵！
茶！
え……ええ～!?
ど どうしよう生け花なんてやったことないよ～
わたくしにまかせなさい！
バン！
と 富子……!?
ぎょっ

わたくしが教えてさしあげます
みんなであの
わびさび亭主をうならせて
ギャフンと言わせましょうぞ！
うふふふ…
よーし
エマがんばる
ぞ～♥
ぐぬぬ
助っ人とは
ずるいぞ……！
は……
はぁ……

そんな
わけでー
では まず
ケンジの
作品よ！
ゲキシヴ～～♥
こ これはなかなか
見事なできばえ……！
おおおおっ
うなった！
うなったわね
あーたッ!?
わたくしたちの
勝ちよーーッ♥
いやー～♫
それほどでも～
ま……まだダメ！
もっとすごく
うならせなきゃッ！

次 エマね! エマのも見れ～♥
ばごーーーん
な…… なにコレぇぇーーッ!!!
どう? 派手派手で超かっちょいいでしょ～♥
ドヤァーー♥
かっちょよくなどない!!
こんなのダメーーッ!!!
なんでコレがダメなのよ
ちょっと!
次は水墨画だ!
キーッ
困ったなぁ…… ボク 絵は大の苦手なんだよ……
ばばばーッ
エマお絵描き超得意～♥
つぎこそはー!

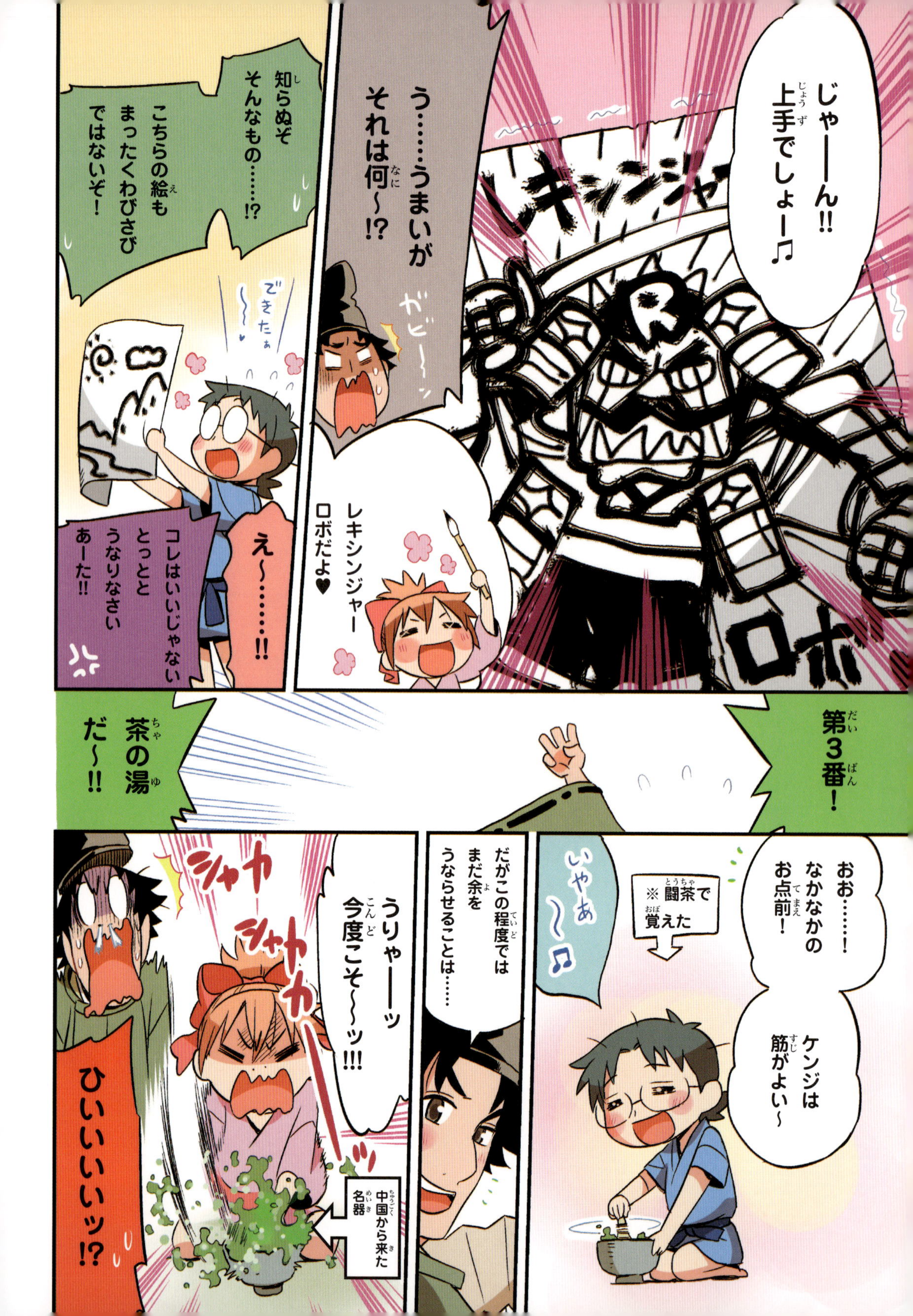
じゃーーん!! 上手でしょー♫
レキシンジャー
ロボ
う……うまいが それは何～!?
ガビ～ン
レキシンジャーロボだよ♥
知らぬぞ そんなもの……!?
こちらの絵も まったくわびさび ではないぞ！
できたぁ～
え～……!!
コレはいいじゃない とっとと うなりなさい あーた!!
第3番！
茶の湯だ～!!
おお……！ なかなかのお点前！
ケンジは筋がよい～
※闘茶で覚えた
いやぁ～♫
だがこの程度では まだ余を うならせることは……
うりゃーーッ 今度こそ～～ッ!!!
シャカ
シャカ
シャカ
中国から来た名器
ひいいいいッ!?

そ それを使うなあああぁぁぁあッ!!!
わあああ
あ
ぱりん
ごめん♥
割れちゃったぁ
てへ♥
いいやあああああッツツ
ブピッ
よ……
余の……
大切な名器……があぁ……
しくしくしくしくしくしくしくしく
し〜〜〜〜〜ん
な…なんかゴメン…
よい気味じゃ♫これに懲りてそのような趣味は……
ホーホホホ♥
……
……む?
むむむっ……こっこれは……!
ムクリ
?

ぱあぁっ♥
こっ
このヒビの入り方は
実に美しい……ッ
えも言われぬ
わびさびが
感じられる
じゃないか♥
ええ～～!?
う～む 新しい
美の発見だ!
でかしたエマ!
ほうびに何でも
持っていくがよい♫
わーい♥
エマでかした
～!!
だめだこりゃ……

はぁ…
あんな夫でも
将軍になりたての
若い頃は 政治にも
やる気が
あったのじゃ……
そうなん
ですか……?
しかし夫の代には
将軍の意見は
まったく通らなく
なっておった……
すっかり
やる気を失った夫は
遊んでばかりに
なってしまったんじゃ……

だから
ダメ夫の分まで
わたくしが
頑張るのじゃ！
キッ
なによりも
息子・義尚の
ためにーッ！
そのためにも金じゃ！
もっと金が
いるのじゃ!!
金〜〜♥
さぁ
ジャンジャン
かせぐぞ〜!!!
かーねーーーッツ

義政さん　いろいろ
大変そうだったね……
エマ　わびさび
最後まで
わかんなかった〜
やっぱり地味より
派手派手のほうが
エライんだよ♥
ピカ
ピカ〜
いや
そういうことじゃ
ないと思うぞ……
まぁ　とにかく
首輪は返して
もらえたし
もうひとつの
元の時代のモノを
探しにいこう！
おーーっ♥
わんっ

室町時代の破戒僧・一休

① 金もうけに走る大寺院が大嫌い！

一休は、室町幕府が最盛期だった1394（応永1）年、京で生まれました。母は貴族の娘で、父は後小松天皇ともいわれています。6歳で格式のある禅寺に預けられました。

一休が大人になった頃、室町幕府では有力者の争いが絶えず、庶民は苦しい生活にあえいでいました。しかし、大寺院の僧侶はぜいたくな生活を送っている……。憤った一休は17歳で大寺院を去り、各地を旅しながら生きるようになりました。一休という名は、25歳の時に詠んだ「自分はこの世で一休みしているようなものだ」という内容の歌にちなんでいます。

まじめで賢い周建（一休の子ども時代の名前）です！

② 庶民とともにイキイキ一休

一休は、僧侶が守るべきルール（戒律）を破り、殺生（魚などを殺して食べること）もすれば酒も飲む「破戒僧」でしたが、庶民からとても慕われていました。一方で、嫌っていた大寺院の僧侶からも尊敬されており、81歳の時には応仁の乱で焼け落ちた大寺院（大徳寺）の住職になり、再建に協力しています。

ある年の正月には、「ぜいたくな生活を送っていてもいつかはみんな死んでしまう」という意味を込めて、どくろの杖をついて歩いたといわれています。

1481（文明13）年、一休は88歳で亡くなりました。最期の言葉は「死にとう……ない」だったそうです。

もの知りコラム

一休 とんち話

「一休」と聞いて思い浮かべるのが、とんち話です。これらは、じつは後の江戸時代に書かれた物語がもとになっていますが、とてもおもしろいですよね。ここでいくつか紹介しましょう。

●このはし渡るべからず

一休にいつもとんちで負けていた商人がいた。なんとか一休を負かそうとした商人は、一休を自宅に招くことにし、家の前の橋に「このはし渡るべからず（渡ってはいけない）」という立て札を立てた。しかし、一休は堂々と橋を渡ってこう言った……。

「はし（端っこ）を渡ってはいけない」と書かれていたので真ん中を渡りました

●和尚さんの水飴

一休たち小坊主が修行しているお寺の和尚さんの大好物、それは水飴。ある日、水飴をなめているところを小坊主に見られた和尚さんは、水飴をあげたくなくて「これは子どもには毒なのだ」と言った。

数日後、小坊主のひとりが和尚さんの大切なつぼを割ってしまった。一休は全員で水飴をなめてしまおうと言う。泣きながらなめている小坊主たちを見て驚いた和尚さんに一休は……。

和尚さまの大切なつぼを割ってしまったので全員で毒をなめて死のうと思ったのですが死ねないのです

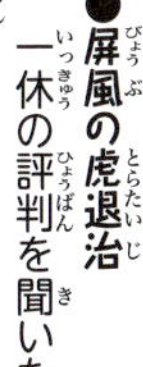

これを聞いた和尚さんは小坊主たちを許したという。

●屏風の虎退治

一休の評判を聞いた足利義満。こんな難問をつきつけた。

夜になると飛び出して悪さをするこの屏風の虎を捕まえよ

一休は縄を持ち屏風の前で身構えて言った。

捕まえる用意はできました！だれかこの虎を屏風から追い出してください

義満はこの答えに感心し、一休にほうびを与えたという。

9章 Taka、タカと会う

ギュー……
到着～
パリ
1485ネン
京ノミナミ～
京ノミナミ～
……へ？
1485年!?
1477年じゃ
なかったっけ……？
ん～……
ごっめーん◆
間違えて時間移動も
しちゃったみたい～♥
てへ～♥
ええーー!?
でも大丈夫
モノの反応はまだ
同じ場所にあるから♫
じゃ 頑張って
探してきてね～♥
またねー♪
ちょ……
ちょっと～!!

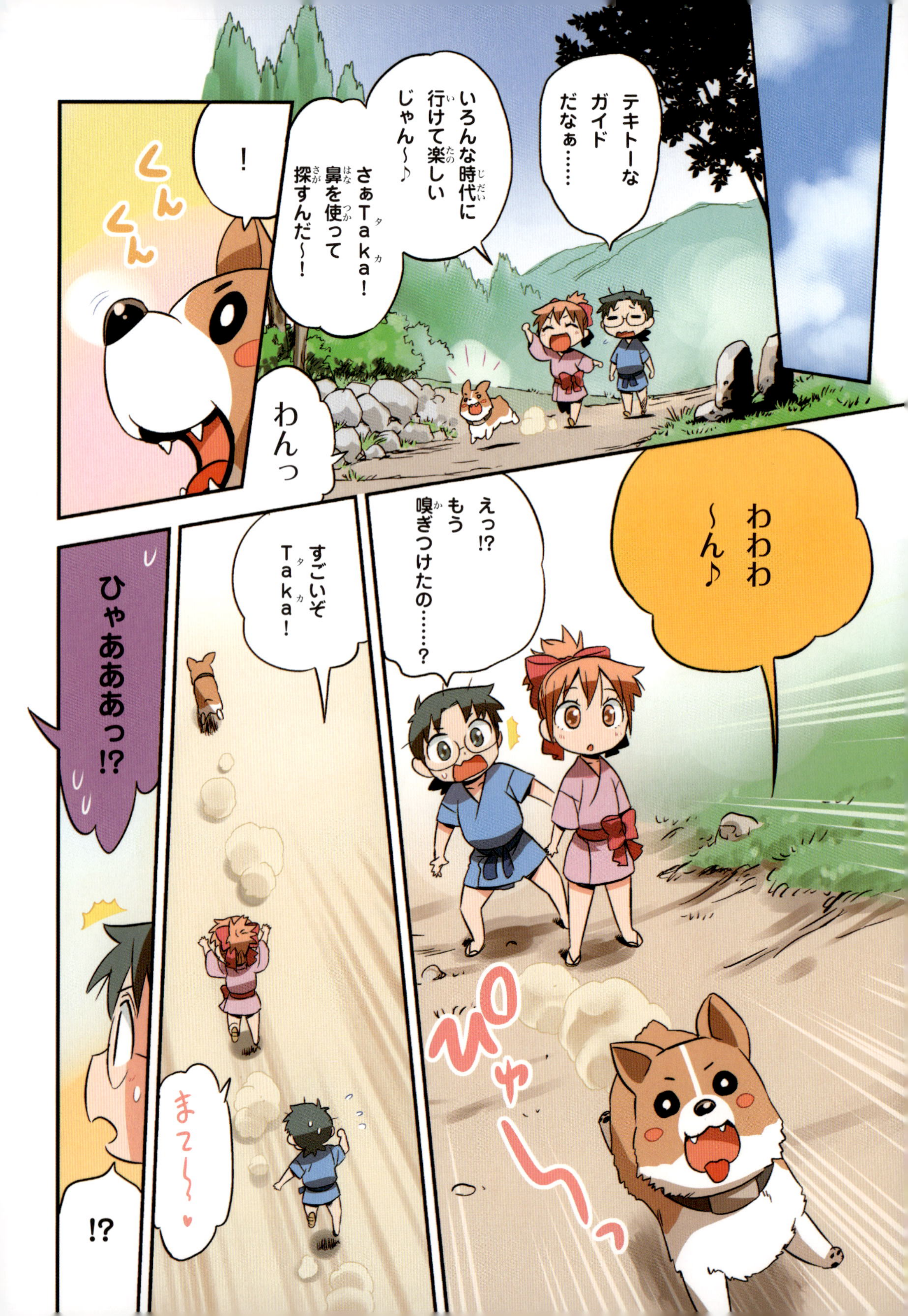
テキトーな
ガイドだなぁ……
いろんな時代に行けて楽しいじゃん～♪
さぁTaka！鼻を使って探すんだ～！
！
くんくん
わんっ
わわわ～ん♪
えっ!? もう嗅ぎつけたの……？
すごいぞTaka！
ぴゅ～～～
ひゃあああっ!?
まて～♥
!?

わんっ♥
わんわわん～
ハッ
ハッ♥
な　なんや!?
このわんこ……
あ　あの子が
元の時代のモノを
……!?
なっ　なに？
コレが
欲しいん……？
おにぎり…
わんっ♥
ズザザッ
ごはんのにおいに
食いついた
だけ～!?
も～
Taka
食い意地
はりすぎ～……
エマが
言うかッ!?
タカ？
この子　タカて
いうん？
ううん
正確には
Taka
だけど……
どっちでも
同じじゃん……
ダメ！
ローマ字表記なのが
こだわりポイント
なの!!

ウチもタカていうんや
おんなじ名前(なまえ)やな〜♥
ばわぅ♥
でもえらく変(か)わったわんこやな〜
じ〜〜〜
ひいじいが昔見(むかしみ)たわんこもかなり変(か)わってたそうやけど……
?
なでなで
ぐ〜〜ぎゅるるるる〜〜
じぃ〜〜〜
……あんたも食(た)べる?
食(た)べる〜♥

ん～おいひぃ～♥
そうやろ？目の前の田んぼでとれたお米なんよ
田んぼ？
植えてあるの稲じゃなく麦だよね……？畑なんじゃないの？
そうや冬のあいだは畑にして麦をつくって
春からは田んぼにしてお米をつくってるんよ

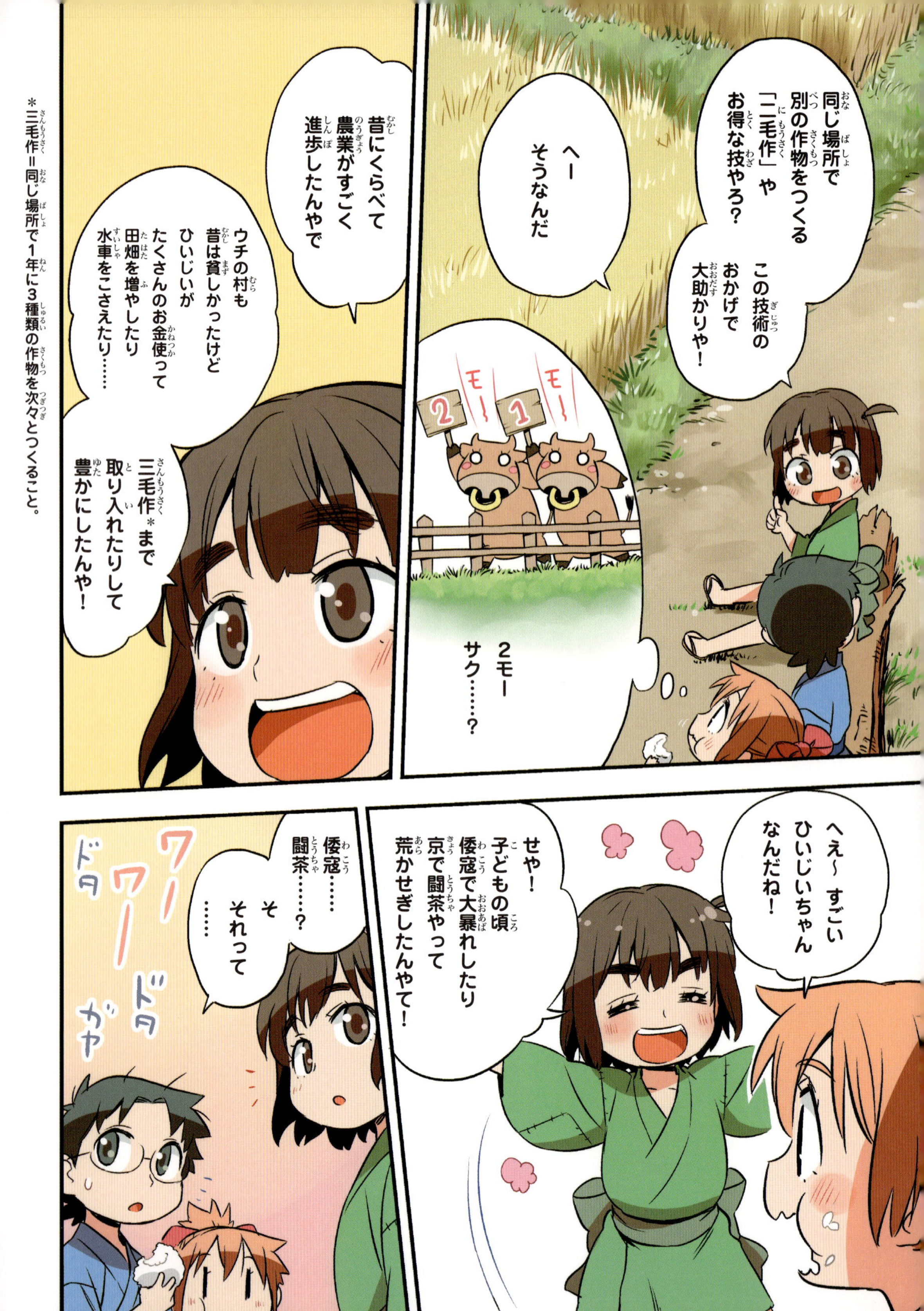

＊三毛作＝同じ場所で1年に3種類の作物を次々とつくること。

ワァァァァ
!?
守護大名の家来の武士たちだ!!
な なに!?戦……?
ワーワーワー
あいつらまたウチらの畑で……!
!?
な なにする気……!?

ちょっと
あんたたち
ウチらの畑踏み荒らさんといてや
戦はよそでやって！
!?
な なんじゃ
このチビはッ！
ブンッ！
とっとと行けッ！
邪魔すると斬り飛ばすぞ……ッ!!
ビュッ
あ あぶない
タカ……ッ!!

エマ&Taka(アンドタカ)ぱーーんち!!!
ごうわッ!?
ド
ガブッ
カッ
ツ
それ パンチなの!?
ガビーン

ドボーン!
ゴロ
ゴロ
ゴロロ
スタッ

ぎゃわーーッツ
ヒィィ～
こ 肥だめに落ちたあぁあッ!?
くくさ……ッくっさ～～ッ!!
くさっ!? おじさん うんちくさいよ……ッ!!!
ウン臭武士だ～!!!
こ コエダメって何?
肥料に使うっうんちをためる穴や
ガボォ
げ
おまえのせいだろーッ!?
こ こりゃたまらん戦中止ッ中止じゃあーッ!
お覚えてやがれ～……!!
くさ～～…
ええ気味や!
……気の毒に……

何だったの今の……？
この辺を支配しとる守護大名の一族とその兵士や
なんや知らんが一族で仲間割れしして応仁の乱からずっとこのあたりで戦しとるんや
ええ!? 応仁の乱ってだいぶ前に終わったんじゃ……

これ見てみ!
あいつらがところかまわず戦しよるから畑がメチャクチャや……

戦だいうては年貢を取られ村の男たちは兵に取られ……
守護大名はウチら領民を守るのが仕事……
……なのになんや! あいつらのせいでウチの村は大迷惑や!

もう みんながまんの限界やで……!!
へえ……

じゃあ 追い出しちゃえば いいじゃん
そんな…… ウチらただの 農民や…… 武器を持った武士に そんなこと ようやれへんわ……

今…… このあたりの村の 長や地侍＊が集まって 話し合ってるん やけど……
ウチの村は 長だったひいじいが この間 亡くなって しもうたからなぁ
才丸ひいじいが 生きとって くれれば……
才丸!?
ややっぱりキミ マルちゃんの ひ孫なんだ……!!
ええ!? そうなの !?
……へ? ひいじいを 知っとんの?

＊地侍＝農村に住む武士

ええ――!?
あ あんたたちが
ひいじいの言うとった
エマとケンズィ
やったん!?
いや ボク
ケンジ……
何十年も昔の話やのに
子どものままなんは
納得いかんけど……
でも 話の内容も
連れとるわんこも
ひいじいの
言うとったとおりや……
ヘンなワンコロ
つれた2人の子供と
京で大あばれした
んじゃ～♥
たまげたなぁ!
ウチ ひいじいのこさえた
おとぎ話や
思うとったわ!
うらしま太郎とか
一寸法師みたいな
……
やー
テレるな～♫
え……?
おとぎ話って
もうこの時代に
できてたんだ……
……あ!
タ
タカ～!
あ 村の
仲間や♪
タカちゃん
たいへんだよ
～!

経済の発展と農民たち

①明からお金がやってきて庶民も盛んにお金を使い始めた

長い間、庶民は米や布などを年貢として納めたり、欲しいものと交換したりしていたので、お金をあまり必要としていませんでした。しかし、室町時代に入ると、明（中国）で使われているお金・明銭（永楽通宝や洪武通宝など）が大量に輸入され、庶民もお金を盛んに使うようになりました。

また、新しい道具の開発もあり、各地でさまざまな産業が発達しました。こうした各地の産物を運ぶため、馬借・車借と呼ばれる運送業者が活躍するなど、室町時代の経済は、それ以前より大きく発展しました。

明銭（洪武通宝）
国立歴史民俗博物館蔵

車借（模型）
牛や馬に台車をひかせて荷物を運んだ
国立歴史民俗博物館蔵

②現代につながる特産品が誕生し、1つの仕事の専門家の「職人」が増えた

各地の守護大名が保護したこともあって、西陣織や宇治茶（ともに京都府）、瀬戸焼（愛知県）、紀州ミカン（和歌山県、三重県）といった特産品が生まれました。手工業が盛んになると、布を織ったり染めたりする人や大工など、いろいろな仕事を専門に行う「職人」も増え、町や村がにぎわうようになりました。

各地の特産品

中国から伝わった大鋸で木材を切る大工（模型）
国立歴史民俗博物館蔵

③ 農業も発達！日本らしい村が生まれた

室町時代の農村では、作物の収穫を増やすために、新しい農具が開発され、技術の改良や工夫なども進みました。農具では、鉄でできた鍬や鋤などが広まりました。ほかにも水の流れを利用して、田んぼへ水をくみ上げる水車も発達しました。

また、鎌倉時代の終わりに始まった、同じ田畑で一年に2回、違う種類の作物をつくる「二毛作」が各地に広まりました。作物をつくると減ってしまう土地の栄養を補給するために、人や牛などのうんちを「肥だめ」にためて肥料として使うようになりました。

室町時代に広まった水車（模型）

国立歴史民俗博物館蔵

農業が発達するにつれて、農民同士のつながりが強くなり、「集落」がつくられるようになります。集落では用水路の建設や、燃料や飼料の利用や管理などについての「おきて」がつくられ、集落がさらにまとまった「惣村」と呼ばれる自治組織もできました。惣村は、日本らしい村の風景として現代にも存在します。

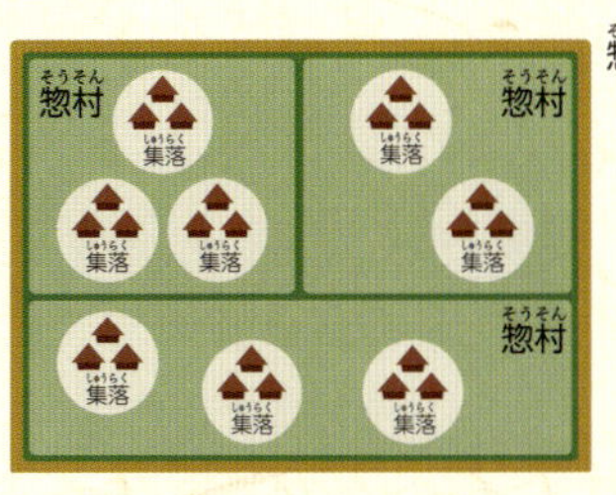

惣村の構造

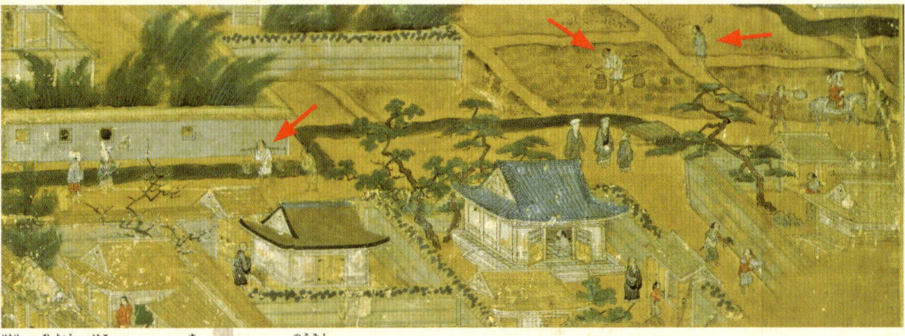
畑に肥料を運んだり、撒いたりする農民

「洛中洛外図」から　国立歴史民俗博物館蔵

10章 村を救え！

タカの村
まわりの村の人を集めて守護大名に要求をつきつける!?

領地を荒らすばかりの守護大名どもに「出ていけ!」と言いにいくんじゃ……!
いよいよ一揆じゃ……
いっき? 飲み物を一気に飲むの?
いっき! いっき!
一揆とは農民とかが団結することや場合によっては戦うことだってある……
じー

やつらには出てってほしいが戦いになったら武士に勝てるじゃろか……？
やるしかねえべ!!
あーだ
こーだ
わしらの村は人の数が少ないしろくな武器もないしのう……
こんな時才丸じいさんがおってくれたら……
大丈夫や！強力な助っ人を連れてきたで！
強力な助っ人……？
才丸ひいじいと京で大暴れした伝説のふたり～
エマとケンズィや!!
ガビーーン
え……
ええ～～!?
ボ ボクたち～～!?
なんと！このふたりがあの伝説のエマとケンズィ!?
ザワッ
若き才丸じいさんと3人で倭寇を全滅させたり京中の闘茶会を荒らしまわって大金持ちになり
足利義満さまが金閣を建てるのに力を借りたというあのエマとケンズィ～!?
うわー……なんか すんごい話が盛られてるぅ
マルちゃん調子にのってホラふきまくったな……
よーしエマたちにまかせてよ～♥
ちょっ安請け合いダメェエ～!!!

お お願いです じゃあ～！
どうかわしらを 助けてくだされ ……！
たすけて けれ ー～～
ほら みんな 困ってるよ～？ これをほっとくの ケンジ～？
ぐう……
わ わかったよぅ…… やるよやりますよ……
でも いったい どうすれば……
とにかく数じゃ！ 武士どもを おどかすだけの 人の数が必要ですじゃ！
ひ 人をいっぱい 集めて強そうに 見せればいいのかな……？
て言われても ホントに人を たくさん集めるのは 無理だし……
頭使って ケンズィ～♥
ええ～!? エマも少しは 考えろよ～
頭を使う ……
困ったら とんちを 使え！ 頭を使えば こんな絵や竹光でも 強力な武器になるのだ！
絵…… 竹光……
よ よし！ じゃあ えーと ……
竹と木と服…… 大きな布と それからー
よーし やるぞ～～!!
墨もいっぱい 用意してください ……！

守護大名の陣地

ひとつ！守護大名は戦いをすぐにやめろ！
ひとつ！わしらの村から10日以内に出ていけ！
ひとつ！年貢はもうあんたたちには納めない幕府に直接納める！

これらの要求を受け入れない場合は
実力で追い出す!!
ズラー

農民が何をほざいておる…!
ど どうします? ほとんどの村が団結したようですぞ……
地侍もまじっているようです
だからなんだ! われらは守護大名ぞ! 農民の要求が聞けるか!
兵と武器を見せつけて蹴散らしてやれ!
ヤヤツら素直に出ていくかのう……
腐っても守護大名じゃ 戦いになったらこちらもタダではすまんぞい……
ビビるでねぇ みんなで決めたことじゃろ……!
で 出てきたぞ……!
!!!
ガシャ
ドドッ
ドドッ
つ 強そうじゃ……!!

農民ども
今すぐ解散せい！
刀 弓 槍を
胸に刺して死にたいのか!?
ヤヤツら
やる気だあ……っ
ち ちきしょう!!!
農民どもめ
まだ引かぬ気か……
ええい かまわん！
かかれぇぇ～～ッ!!!
ワーッ!
わあああ～～ッ!?
き 来たあああああッ!!
ちょーーっと
!?
待った
ああ～～ッ!!!

バーーーン!
むお…!?
な なんだ
ヤツらは!?
ズラ〜〜
一気に
人数が
増えたぞ……!?
しかも刀まで
持っておるぞ!?
才丸の村の
ヤツらじゃ!
あの村に
あんなに人が
おったか……?
武器はいったい
どこから……?

こ　こんな竹の刀や　かかしで　大丈夫かのう……
大丈夫や！ケンジたちの立てた　とんち作戦やもん！
ビクビク
あ　あの…　遠目ならバレない　……といいなぁ……　と思います……
たぶん
──って……　うわ──っ　向かってきちゃった～!?
ドドドドド
ウォー─！
ヒイ
ひるむなー!!　数は多くても　しょせん戦には　慣れておらん～!!!
エ……
HELP!
エマ～～!!
ほ───い♥
ヌウッ
かもーん♥　レキシンジャー　ロボー─ッ!!!

……!?
ぎょっ
う……
うわあああああッ!?
オン!

ドドオ
だ……
だだだ
ダイダラボッチ＊
だああああ～～ッ!!!
＊ダイダラボッチ＝日本各地に伝わる昔話に出てくる巨人の名前

だだらぼっち……？
違うよ！
レキシンジャーロボ
だよッ!!
今や！
ときの声……
やなくて
大声で歌うんや～!!
あ♪
ダダンダダダダン
ダダン♪
……ま
いいじゃないか
お……
おお～～ッ!!!
ゴー♪ゴーダッシュだ
レキシンジャーロボー♪
ひ……
ひいい……っ
ヤツらなんちゅう
団結力じゃ……
しかもあんな
もののけまで……ッ
ザワワ…ッ
あんな巨人がいては
武士が何人いても
足らん……
こ これは
かなわん……

てっ　撤退！
全軍撤退じゃあぁ
～～ッツ!!
ダダ――ッ
おお……っ
守護大名の一族が
逃げていきおる
……！
い……
一揆成功だあああ!!!
わしらの勝ち
じゃあ～!!
ロボ～～
～～!!!
ワーッ
レキシンジャー
ロボなの～！
わかった
わかった
から……
ワー
ワー
エイ
エイ
オー！

は～
なんとか
戦にならなくて
よかったぁ……
タカちゃんも
喜んでたね～♪
うん
これからは
みんなで話し合って
自分たちで
土地を治めるんだって
大活躍だったわね
エマ ケンジ～♥
あのダイダラボッチ
ウチの家宝に
そっくりやな～
お礼に
あげる～♥
あ……っ!?
それ……!
これで
元の時代に帰れる……!!
うん!
帰って和室で
寝っころがって
レキシンジャー
ロボ 見る～♥

「室町時代へタイムワープ」終わり。

戦国大名の登場と室町時代の終わり

① 人々の団結と「一揆」の流行

室町時代の後半、有力な農民のもとで村の自治を行い、強いきずなで結ばれた農民たちの中には、団結して地頭や領主、守護大名などの支配者に対して抵抗する人々がでてきました。

時には、武器を手に立ち上がり、年貢を減らすことや借金の帳消しなどを求めて実力行使することもありました。このような実力行使や、そのために団結すること、組織自体を「一揆」といいます。

年貢を減らすことや借金の帳消しを求めるその土地の人々による一揆は「土一揆」と呼ばれるわよん♡

応仁の乱の後に起きた「山城の国一揆」や「加賀の一向一揆」では、団結した農民や地元の武士、一向宗の信者たちが守護大名を追い出したり、倒したりし、自分たちの手でその地域を支配しました。

主な一揆

正長の土一揆
1428（正長1）年に近江国（滋賀県）から始まり、京の近くを中心に広まった、借金の帳消しを求めた一揆。

山城の国一揆
1485（文明17）年、山城国（京都府）の武士や農民が団結し、守護大名の畠山氏を追い出した一揆。一揆による自治が8年続いた。

加賀の一向一揆
1488（長享2）年、加賀国（石川県）で、浄土真宗（一向宗）の信仰で結ばれた僧侶や武士、農民が団結し、守護大名の富樫氏が倒された一揆。一揆による自治は、この後およそ100年も続いた。

②戦国大名の登場

応仁の乱で将軍や幕府の権威は落ち、日本全国を治めるだけの力はなくなってしまいました。

各地方では、守護大名やそのけらい、地元の有力武士たちを巻き込んだ争いが起き、実力のある下の者が上の者に打ち勝つ「下剋上」の風潮が広まっていきました。

やがてこうした争いに勝ち、領国を実力で支配する戦国大名が登場しました。

戦国大名になった者には、守護大名だけでなく、守護代や守護大名のけらい、地元の有力武士などもいました。彼らは守護大名から領国の支配権を奪い、戦国大名になったのです。

戦国ダイミョー?
かっこいい!
エマも
下剋上する〜っ!

③織田信長が将軍を京から追い出す

こうした戦国大名の中から、16世紀半ばに織田信長が登場して、天下統一を目指すようになります。1573（天正1）年、織田信長は、室町幕府15代将軍・足利義昭を、幕府のある京から追い出してしまいます。こうして、約240年続いた室町幕府が滅び、室町時代は終わりを告げました。

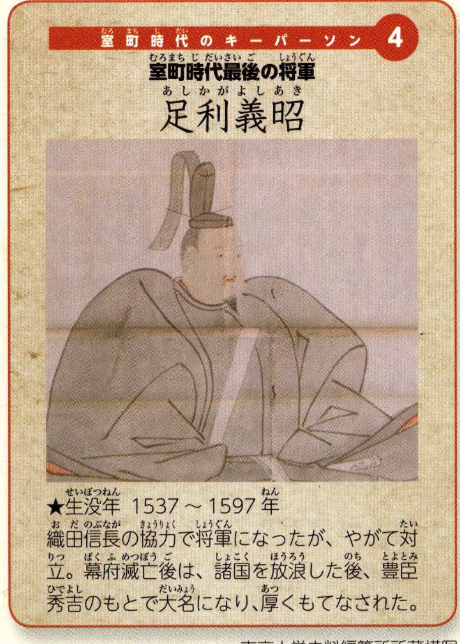

室町時代のキーパーソン 4

室町時代最後の将軍

足利義昭

★生没年 1537〜1597年

織田信長の協力で将軍になったが、やがて対立。幕府滅亡後は、諸国を放浪した後、豊臣秀吉のもとで大名になり、厚くもてなされた。

東京大学史料編纂所所蔵模写

教えて!! 河合先生

ぼくといっしょに、
タイムワープの冒険を振り返ろう。
マンガの裏話や、時代にまつわる
おもしろ話も紹介するよ!

歴史研究家：河合 敦先生

室町時代 ヒトコマ博物館

御伽草子絵巻「浦島絵巻」から（部分）

日本民藝館蔵

◀才丸のひ孫・タカと出会ったエマとケンジ。なんと才丸は、若い時のできごとをかなり〝盛って〟、タカに伝えていたようだ……

室町時代の庶民が楽しんだ御伽草子

河合先生：みんな室町時代から無事戻ってきたね。最後は「とんち作戦」で村を救って、すごいじゃないか!

エマとケンズィのおかげじゃ!

ケンジ：ボクはドキドキでした……。

エマ：レキシンジャーロボを描いたのに、誰もわかってくれなかった! プンプン。

河合先生：でも、とても上手だったよ。

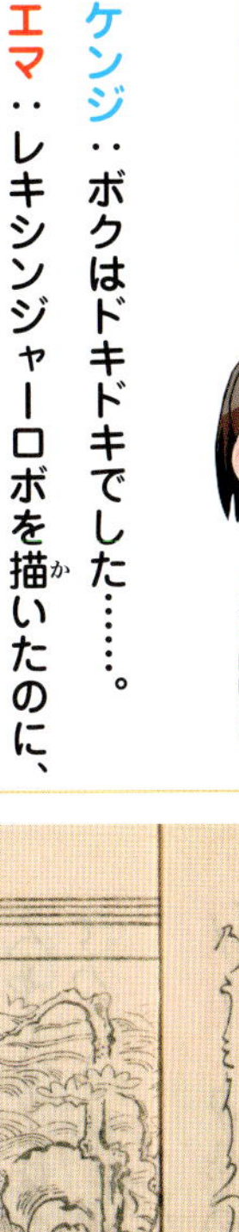

ダイダラボッチじゃないもん!

▲幕末（江戸時代の終わり）の大名の書庫にあった「浦島太郎」の一場面。室町時代の御伽草子が500年後の江戸時代、そして今へとつながっている

国立国会図書館HP から

河合先生：ところでケンジは、タカが「一寸法師」や「浦島太郎」などのおとぎ話を知っていたことに驚いていたね。

ケンジ：はい。ボクが幼稚園の時に読んだ絵本の題名を知っていたので、びっくりしました。おとぎ話って、歴史があるんですね。

河合先生：今のおとぎ話の元をたどると、室町時代にたくさんつくられた「御伽草子」という物語にたどりつくんだ。それまでの本は、主に教養のある貴族や武士のものだったけれど、御伽草子は室町時代に力をつけた庶民が楽しむためのものだよ。短くてわかりやすく、絵がついていることが多いのが特徴なんだ。

エマ：右の絵、竜宮城から戻った浦島太郎が、おじいちゃんになっちゃうところでしょ? 白い線が煙なの? フシギ～。

河合先生：当時と今とでは、「煙」に対するイメージが違うってことじゃないかな。昔の絵を見ると、そういうことにも気づけておもしろいね。

2

室町時代
ビックリ報告

室町幕府6代将軍・足利義教
くじ引きで将軍に選ばれる！

たいへん！ 将軍がいない

足利義教は、室町幕府3代将軍・義満（→72ページ）の息子です。義教が生まれてすぐ、兄の義持が9歳で4代将軍になったため、義教は将軍の後継者候補から外れてお坊さんになり、義円と名乗りました。

その後、義持の子どもの義量が5代将軍になりますが、就任わずか2年後、19歳の若さで亡くなります。仕方なく、義持が再び将軍の代わりに政治を続けていたのですが、なんとそれから3年後に急死！

こうして室町幕府には、将軍がいないという、異常事態が発生します。

▲当選者の「くじ」が開封された、京都の石清水八幡宮

写真：ピクスタ

「くじ引き将軍」誕生！

義持が後継者を指名しないまま亡くなったので、残されたけらいたちは悩んだ末に、義円をふくめて4人いた義持の弟たちの中から、「くじ」で将軍を決めることにしました。まず高僧がそれぞれの名前を記した4枚のくじを作成して、見えないように封をし、けらいのひとりが1枚を引きました。そして石清水八幡宮で開封されました。

当選したのは義円です。翌年、義円は名前を義教に改め、6代将軍になりました。これが、のちに義教が「くじ引き将軍」と呼ばれるようになったいきさつです。

エマ、くじ運いいから将軍になれたかもー

くじ引きが応仁の乱を招いた

現代の感覚だと、くじ引きで将軍を選ぶなんておどろきですが、当時のくじ引きは「神の意思」を聞く、とても神聖なものでした。義教も、自分が将軍になったのは神の意思によると考え、自分に従わない者は力で抑える恐怖政治をおこないました。その怒りにふれて処罰された人は100人以上におよぶといわれています。

そんな義教の政治は、けらいたちの間に多くの不満と不信を招きました。そして、ついには守護の赤松満祐によって殺されるという事件が起こります（嘉吉の変）。

けらいが将軍を殺すという事件により、幕府の権威は落ち、応仁の乱（→104ページ）を招く要因の1つになりました。

足利義教像　東京大学史料編纂所所蔵模写

足利義教（1394～1441年）

室町幕府6代将軍。3代将軍・義満の息子。8代将軍・義政（→120ページ）の父。将軍になった経緯から「くじ引き将軍」、かんしゃく持ちで執念深い気性から「悪御所」「万人恐怖」などと悪い評価が多いが、将軍の権威を一時的に高めるなど、優秀な政治家の一面もあった。

今の時代でも、くじ引きは「神聖」!?

さすがに「神の意思」とまでは考えられていませんが、今でも大事な場面で、くじ引きがおこなわれることがあります。たとえば、選挙で複数の候補者が同じ得票数だった場合は、くじを引いて当選者を決定することが、法律で定められています。

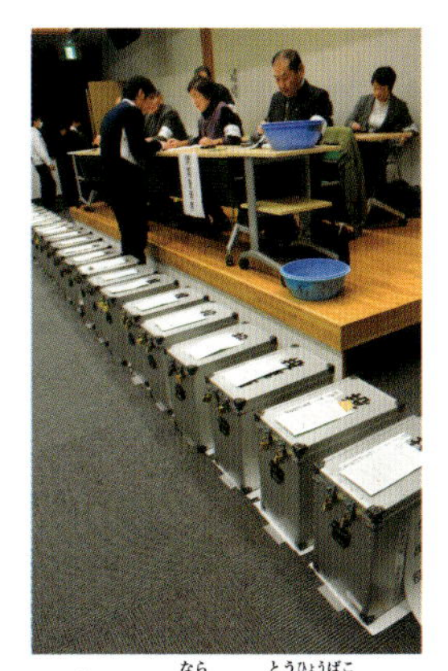
▲ずらりと並んだ投票箱

写真：朝日新聞社

3

室町時代

ニンゲンファイル

◀足利尊氏が書いた「八幡大菩薩」の文字。八幡大菩薩は、源氏の守護神。いちばん下の文字は、尊氏のサイン（花押）

大和文華館蔵

次の天下は足利家が取る!!

鎌倉幕府と天皇政権をたおし、室町幕府を開いた

足利尊氏

由緒正しき源氏の棟梁

足利尊氏（→22ページ）は、室町幕府を開いた武将です。足利家は、鎌倉幕府の初代将軍・源頼朝と同じ、源氏の一族。武家の名門です。その上、鎌倉幕府の執権（将軍の補佐役）・北条一族とも親戚関係にありました。尊氏は、そんな足利家の棟梁（家長）でした。

足利尊氏（1305～1358年）
室町幕府の初代将軍。元の名は高氏だが、鎌倉幕府を倒した功績によって、後醍醐天皇の本名「尊治」の1字をもらい、尊氏と改名した。

河内の悪党とはわてのこと！
楠木正成

楠木正成（？～1336年）
河内国（現在の大阪府南東部）を拠点とした「悪党」と呼ばれる新しいタイプの武士。最後まで天皇に忠義を尽くした名将。

権力を嫌う、「悪党」出身

楠木正成は「悪党」出身の武士です。悪党とは、幕府などの権力に武力で対抗する集団で、鎌倉時代の終わりに、主に近畿地方を中心に各地に出現しました。正成はこの悪党のリーダーだったようです。奇襲や待ち伏せといった戦術が得意な「戦の天才」でした。

尊氏も、その死をなげいた

同じ武士でも正成は足利尊氏と違い、ずっと後醍醐天皇を支えました。しかし、時代の流れが尊氏側にあることもわかっていました。1336（建武3）年、正成は後醍醐天皇に「尊氏が京に攻め入る前に討て」と命じられ、負けると知りながら出陣します。そして奮闘及ばず敗れ、自害しました（湊川の戦い）。

尊氏は、正成の死をなげき、正成の首を家族のもとに送り届けたそうです。

新しい時代の武士のリーダー

北条一族が牛耳る鎌倉幕府に不満を持った尊氏は、倒幕を目指す後醍醐天皇（→38ページ）に寝返りました。この瞬間、鎌倉幕府の滅亡は決まりました。しかし、その後に始まった後醍醐天皇による政治（→39ページ）は武士をないがしろにしました。そこで武士は尊氏をリーダーに、新しい武家政権（室町幕府）をつくりました。

弱いけれど、武士たちには人気

尊氏は決断が苦手だったり、戦を嫌がって引きこもったりと、決して強いリーダーではありませんでした。しかしその一方で、名門出身でおおらかで欲のない人柄が、人気だったようです。武士の多くが尊氏に従ったのも、彼が憎めない人物だったからかもしれません。

リーダーにも
いろいろなタイプが
あるのね！

4

室町時代 ウンチクこぼれ話

【鎌倉幕府を倒した男】

鎌倉を実際に攻めて、幕府を滅ぼしたのは新田義貞という武士です。新田家は足利家と同じく源氏の一族ですが、やはり北条一族に不満を持ち、後醍醐天皇側につきました。しかし後に尊氏と対立して敗れ、戦死しました。

▶軍記物語の『太平記』によると、義貞が自分の太刀を海に投げて海神に祈ると、海に道が開け、一気に鎌倉へ攻め込んだという　国立国会図書館HPから

【足利家に伝わる「生まれ変わり」の遺言】

足利家には、「7代後に生まれ変わり天下を取る」と言い残した先祖がいました。その7代後が、尊氏の祖父・足利家時です。しかし家時は病弱だったため天下取りをあきらめ、「私は3代のうちに生まれ変わって天下を取る」と言って亡くなりました。

その3代目が、室町幕府をつくって「天下を取った」、足利尊氏です。尊氏は、代々伝わるこの遺言を守るためにも、鎌倉幕府を倒すことにしたのかもしれません。

「天下を取る」にはみんなが納得する理由があったほうがいいのよねー♡

【さすが、日本国王！】

室町時代の最盛期を築いた、3代将軍・足利義満。しかし彼は幼い頃、南北朝の戦乱を避けて、京から避難していた時期がありました。その後、京に戻ることになった時、途中で見た摂津国（大阪府北西部と兵庫県南東部）の景色が気に入り、けらいに「この景色を持って帰れ」と命じたそうです。

のちに武士と公家の両方の頂点に立ち、「日本国王」を名乗った義満らしい、スケールの大きいエピソードです。

義満さんは金ピカ&犬が大好きでした！

【心にしみる、世阿弥の言葉】

観阿弥と、その息子・世阿弥（→89ページ）が完成させた能。とくに世阿弥は、『風姿花伝』をはじめとして、後継者にたくさんの書を残しています。

その中には、現代の私たちへのアドバイスとして心にしみるものが多くあります。その一部を左の表で紹介しましょう。習いごとなどで行きづまった時、役に立つかもしれません。

【雪舟はスパイだった？】

水墨画の天才・雪舟（→121ページ）は、明（中国）から帰国後、彼を支援した守護大名・大内氏の拠点である山口に住むまで、15年以上あちこちを旅していました。そのため、大内氏が他の守護大名たちの動向を探るために、雪舟を各地にスパイとして送り込んでいたのでは、と考えている人もいます。

【一休とどくろの杖】

室町時代の破戒僧・一休宗純（→138ページ）。晩年は、風の吹くまま、気の向くままに生きたようですが、実際にどくろの杖を使っていました。これには「ぜいたくな生活を送っていてもいつかはみんな死んでしまう」という意味が込められていたそうです。

今も生きる　世阿弥の言葉

「初心忘るべからず」 世阿弥のいう「初心」は習い始めの頃の未熟な芸のこと。その時々で身につけた芸を忘れないことで、芸の幅を広げよという教え。現在では「習い始めの頃の謙虚で真剣な気持ちを忘れてはならない」という意味で使われている。
「秘すれば花」 観客の予想をいい意味で裏切るような意外性のある芸こそが、観客に新鮮な印象を与えるということ。手の内を秘密にすることこそが、勝負に勝つ秘訣であるとも。
「上手は下手の手本、下手は上手の手本」 下手な人が上手な人に学ぶことはもちろんだが、下手な人にも必ずよいところがあるのだから、上手な人もおごることなく、下手な人から学ぶべきということ。

いろいろあったけどいい人生だったぜ！
室町時代の話はこれでおしまい！別の時代で、また会おうね！

鎌倉時代末～室町時代年表

時代	年	できごと
鎌倉時代	1331年	後醍醐天皇が鎌倉幕府を倒す（倒幕）ための2度目の計画を立てる
	1333年	後醍醐天皇が倒幕を呼びかける
		鎌倉幕府の有力御家人・足利尊氏らが後醍醐天皇に味方する
		鎌倉幕府が滅亡する
	1333年	後醍醐天皇による建武の新政が始まる
	1335年	尊氏が後醍醐天皇に対して反旗をひるがえす
南北朝時代	1336年	尊氏が光明天皇を立て、新しい朝廷（北朝）と室町幕府を開く。後醍醐天皇が京から逃れ、吉野（奈良県）で南朝を開く（南北朝の対立が始まる）
	1338年	尊氏が征夷大将軍になる
	1368年	足利義満が3代将軍になる
	1392年	義満が南北朝を合一する
	1397年	義満が金閣をつくる

室町時代

1400年	この頃、世阿弥が能の秘伝書『風姿花伝』を書く
1401年	義満が明（中国）に遣明船を送る
1404年	日明貿易（勘合貿易）が始まる
1428年	正長の土一揆が起きる
1449年	足利義政が8代将軍になる
1467年	応仁の乱が起きる（～1477年）
1469年	雪舟が水墨画を学んでいた明から帰国する
1485年	山城の国一揆が起きる
1488年	加賀の一向一揆が起きる
1489年	義政が銀閣をつくる
1568年	織田信長が京に上り、足利義昭を15代将軍にする
1573年	信長が義昭を京から追放する（室町幕府の滅亡）

監修	河合敦
編集デスク	大宮耕一、橋田真琴
編集スタッフ	泉ひろえ、河西久実、庄野勢津子、十枝慶二、中原崇
シナリオ	庄野勢津子
マンガ着彩協力	ムラカミトモヤ（studio PetoKa）、若西けいすけ
コラムイラスト	相馬哲也、横山みゆき、番場江里佳、イセケヌ
コラム図版	平凡社地図出版、エスプランニング
参考文献	『早わかり日本史』河合敦著 日本実業社／『詳説 日本史研究 改訂版』佐藤信・五味文彦・高埜利彦・鳥海靖編 山川出版社／『世界の辺境とハードボイルド室町時代』高野秀行・清水克行著 集英社インターナショナル／『調べ学習日本の歴史４金閣・銀閣の研究』玉井哲雄監修 ポプラ社／『時代別 日本の歴史５ 室町時代』高野尚好監修 切刀芳雄指導 学研／「週刊マンガ日本史 改訂版」26 ～ 32 号 朝日新聞出版／「新発見！日本の歴史」22～25 号 朝日新聞出版

※本シリーズのマンガは、史実をもとに脚色を加えて構成しています。

室町時代（むろまちじだい）へタイムワープ

2018年３月30日　第１刷発行
2022年６月20日　第９刷発行

著　者　マンガ：イセケヌ／ストーリー：チーム・ガリレオ、イセケヌ
発行者　片桐圭子
発行所　朝日新聞出版
〒104-8011
東京都中央区築地5-3-2
編集　生活・文化編集部
電話　03-5540-7015（編集）
03-5540-7793（販売）

印刷所　株式会社リーブルテック

ISBN978-4-02-331667-6
本書は 2016 年刊『室町時代のサバイバル』を増補改訂し、改題したものです

本の感想や知ったことを書いておこう。